Nicolas SAVY

Ô mon pays

ARCHEODROM

A mon petit frère Adrien

Du même auteur :

- *Cahors pendant la guerre de Cent Ans*, Cahors, Colorys, 2005.
- *Les femmes courage. Notes sur la vie des citadines quercinoises pendant les années terribles (1345-1390)*, Cahors, Colorys, 2007.
- *Les villes du Quercy en guerre*, Pradines, Savy AE, 2009.
- *De la terre, des pierres et des hommes, ou Pontcirq des origines à 1918*, Pradines, Archeodrom, 2012.

Remerciements

Cet ouvrage est le récit des vies de trois hommes qui seraient restées dans l'oubli si leurs familles n'avaient pas conservé leurs correspondances de guerre, et je n'aurai naturellement pu l'écrire si leurs plus proches parents actuels n'avaient pas accepté de me les confier. Mes premiers remerciements vont donc à Thierry Chatain pour celles de son cousin Gabriel Dubreil, ainsi qu'à Monique Courtiol (née Varlan) et à Jean-Pierre Raynal pour celles de leurs grands-pères respectifs, Louis Varlan et Jean-Pierre Cussat. Ils m'ont aussi livré d'autres documents et les souvenirs de famille qui avaient traversé les années et, dans ce cadre, je suis particulièrement reconnaissant au mari de Monique, René, qui s'est avec elle employé à faire remonter à la surface les détails de la vie de Louis Varlan et de son épouse, Mathilde ; leurs enfants Sarah et Samuel ont répondu à leur appel, tout comme leur cousine Michèle Deux (née Roques) : je leur adresse à tous un chaleureux merci. Je fais de même avec Jean-Pierre Carles, qui a mis à ma disposition les documents concernant son grand-père, Albert Cournac, qui fut le meilleur camarade de guerre de Gabriel Dubreil, cité *supra*.

Enfin, je remercie ceux qui ont accepté d'assurer la relecture du manuscrit : ma mère Annie Alvès, infatigable lectrice, et mon collègue de la Société des Etudes du Lot Bruno Sabatier.

Ô mon pays

Les vieux papiers jaunis

15 février 1973

Le jeune Thierry Chatain avait accompagné son père jusqu'à la propriété de Tourniac, à côté du village de Pontcirq, sans trop savoir à quoi il allait pouvoir jouer. Il le laissa descendre vers la grange et décida d'entrer dans la vieille maison inhabitée. La porte d'entrée donnait sur la pièce principale, sorte de cuisine de cinq mètres de côté dans laquelle il faisait aussi froid qu'à l'extérieur ; elle diffusait une impression d'abandon que sa propreté ne faisait que renforcer, comme si ses occupants ne l'avaient quitté que quelques jours auparavant : la cheminée sentait encore la cendre du dernier feu et, de l'autre côté de la grosse table, la pierre froide du vieil évier, bien que sèche, brillait un peu comme recouverte d'une fine pellicule d'eau. Thierry se dirigea de suite vers l'escalier qui menait au grenier ; il escalada doucement les marches grinçantes, guidé par la faible lumière qui émanait d'une lucarne sans volets, là-haut.

Sur le vieux plancher disjoint s'étalait tout un fatras couvert de poussière et de toiles d'araignées. Ici, personne ne venait plus depuis longtemps. Ses yeux s'habituant à la semi-obscurité, Thierry se déplaçait en cherchant quelque chose d'intéressant et son regard fut soudain attiré par une vieille malle posée sur le sol. Il s'accroupit et en souleva le couvercle sans difficulté. Elle était remplie de papiers jaunis : il y avait là, posés en vrac, des lettres, des cartes postales et des enveloppes. Intrigué, il les ramassa et décida de descendre pour mieux les lire. Il les posa sur la table de la cuisine et commença à les parcourir en diagonale ; il ne saisissait pas tout, mais les en-têtes répétitifs adressés à de « Bien chers parents » lui firent comprendre qu'il s'agissait des courriers adressés par un soldat de 14-18 à sa famille. Lorsque son père remonta de la grange et entra, il lui montra sa découverte ; l'homme en parcourut rapidement quelques-unes et lui affirma : « ça vient des cousins qui habitaient ici avant, on dirait des courriers que Gabriel Dubreil a écrit pendant la guerre de 14 ».

En sortant de la maison, Thierry tenait le gros paquet de lettres contre lui ; le pressentiment qu'elles étaient importantes lui commandait de ne pas les laisser là, à la merci des souris qui, déjà, en avaient entamé quelques-unes.

12 novembre 1982

La vieille Mathilde était partie dans l'après-midi, frappée par une congestion cérébrale alors qu'elle tricotait un pull pour son arrière-petit-fils, Samuel. Paisible, elle reposait sur son lit, dans sa maison isolée de la Vergne Grande, non loin de Gourdon. On avait fait avertir ses quatre filles, tandis que parents et voisins commençaient leurs visites. Dans la cuisine, à côté de la chambre mortuaire d'où l'on allait et venait dans le calme, on discutait doucement en buvant du café.

Au fur et à mesure des conversations, on remontait la vie de la grand-mère. Elle ne l'avait pas eu facile durant ses premières années de mariage, lorsque son mari était parti faire la guerre, en 14 ; elle s'était alors retrouvée seule avec ses deux premières filles et, avec sa vieille belle-mère, avait dû assurer un difficile quotidien.

Les années étaient passées, inexorablement, et les souvenirs s'étaient progressivement faits plus flous, mais Mathilde avait gardé quelques papiers et pauvres souvenirs, fluets témoins des menues joies et des grandes peines de la pire période de son existence ; elle les avait rangé dans une petite boîte en carton qu'elle avait ensuite entreposée au grenier.

Bien des années après sa mort, c'est son arrière-petite-fille Sarah qui les fit revenir à la lumière et les sauva de l'oubli de la poussiéreuse soupente. Curieuse du passé de son aïeule, qu'elle n'avait que trop peu connue, elle voulait en savoir un peu plus sur la dure vie qui avait été la sienne après la mobilisation de son époux, Louis Varlan, quelques quatre-vingt ans plus tôt. Elle n'eut pas besoin de lire toutes les lettres de Mathilde ou de déchiffrer tout le carnet de guerre de Louis pour prendre la dimension du drame qu'ils avaient vécu. Après les avoir parcourus, elle ne put se résoudre à replacer la vieille boîte au grenier : elle la garda précieusement dans sa chambre.

Les vieux papiers jaunis

18 août 1995

Cela faisait plus d'un an maintenant que la vieille Irène était décédée. Son fils, Jean-Pierre, habitait toujours la maison familiale achetée par son grand-père plus de 70 ans auparavant. Il n'avait pas connu son ancêtre, mais quelques pans de son existence lui avaient été dévoilés par sa mère au détour de plusieurs conversations. Elle lui avait raconté ce dont elle se souvenait et ce que ses propres parents lui avaient dit des dures années de son enfance, lorsque son père se battait là-haut, dans le Nord. Elle lui avait parlé des permissions, dont le début provoquait sa joie et la fin ses pleurs, mais aussi de l'inquiétude permanente, de la peur qui la tiraillait, ainsi que du poids qui avait reposé sur les épaules de sa mère durant tout ce temps.

Désormais, Jean-Pierre était le dépositaire de cette histoire, dont il ne restait plus, comme preuves matérielles, que les quelques vieux papiers que son grand-père avait déposé dans l'armoire de sa chambre, il y avait plus de 70 ans.

27 décembre 2012

Cela fait presque quarante ans que Thierry garde précieusement les lettres de Gabriel Dubreil. Maire de sa commune, Pontcirq, il en lit parfois des passages durant la traditionnelle cérémonie du 11 novembre. Ces lettres, il ne veut pas les garder pour lui : ce qu'elles racontent, au-delà de la seule histoire de Gabriel, c'est l'incommensurable malheur qui toucha toutes les familles de son village, les jeunes massacrés et mutilés, les veuves et les orphelins, les parents éplorés ; tout ceci ne peut et ne doit pas tomber dans l'oubli, c'est pourquoi il me les a confié afin que, modestement, je ranime le souvenir de ces hommes avec un petit ouvrage.

A la Vergne Grande, Sarah a grandi et a depuis longtemps quitté la maison familiale ; désormais, ce sont ses parents Monique et René qui gardent la précieuse boîte contenant les vieux papiers de Mathilde. L'histoire vécue par cette aïeule a toujours heurté leur sensibilité ; ils en parlent parfois à leurs amis, comme si en parler pouvait, par-delà l'espace et le temps, apporter un peu de réconfort et de soutien à ceux qui en avaient tant besoin, il y a des décennies de cela, et qui pourtant sont tous morts aujourd'hui. Ils m'en ont aussi parlé puis, apprenant mon projet de livre basé sur les lettres de Gabriel Dubreil, m'ont confié la petite boîte en carton pour que la vie de leurs ancêtres Mathilde et Louis en fasse aussi partie.

Jean-Pierre Raynal ne jettera jamais les vieux papiers de son grand-père, Jean-Pierre Cussat. Non qu'ils l'intéressent particulièrement, mais ils font partie du patrimoine familial et, à ce titre, ont droit à des égards particuliers. Certes, il n'a pas connu son ancêtre, mais il habite la maison qu'il avait acheté et ce qu'il sait de lui suscite le respect : connu comme un travailleur honnête et rude à la tâche, il fut mobilisé en 14 et passa d'horribles années à patauger dans la boue du front. Jean-Pierre a cependant longtemps pensé que son histoire n'intéressait personne, et ce jusqu'à ce qu'il apprenne par Thierry Chatain, avec qui il est voisin, que je recueillais volontiers des documents personnels de poilus de 14, alors il m'a lui aussi confié les vieux papiers de son grand-père.

Tout ceci s'est passé il y a déjà quelques mois. Depuis, je vis presque chaque soir avec ce qu'il reste des pensées d'espoir que trois braves « poilus » français eurent durant des années, dans la boue et sous les obus. En tant que soldat, ils sont mes anciens et, en tant qu'homme, mes aînés, pourtant je ne peux déjà plus user de formalités avec eux : à travers leurs lettres, ils m'ont livré des secrets, des choses intimes qu'on ne montre, lorsqu'on ose le faire, qu'à des amis très proches, aussi je ne puis parler d'eux sans me considérer comme leur ami, par-delà les générations. Pour moi, ils sont simplement Gabriel, Louis et Jean-Pierre.

En route vers la victoire

La victoire en chantant nous ouvre la barrière,
La Liberté guide nos pas.
Et du Nord au Midi, la trompette guerrière
A sonné l'heure des combats.[1]

2 août 1914

Louis était un peu désorienté. Il se dirigeait vers la caserne de Cahors avec tout un tas de gars aussi perdus que lui. Pourtant, ils connaissaient tous les lieux et le trajet de la gare au régiment leur était presque familier : anciens conscrits du 7e Régiment d'Infanterie, ils avaient passé deux ans dans cette ville à faire leur service militaire mais, malgré le fait qu'elle n'avait pas changé, qu'elle était toujours aussi belle sous le lourd soleil d'été avec ses rues bordées de platanes, tout leur semblait différent. Sept ans s'étaient écoulés depuis que Louis avait quitté l'Armée et, maintenant âgé de 30 ans, il n'était plus une jeune recrue inconsciente et sentait la gravité de la situation.

Des groupes s'étaient formés par affinités familiales ou amicales dans le train qui l'avait amené de Gourdon, mais ils se déformaient maintenant au fur et à mesure que les têtes connues, presque oubliées pourtant, d'anciens camarades de section ou de compagnie émergeaient de la foule. Les conversations allaient bon train et, au milieu des préoccupations générales sur la guerre qui s'ouvrait, on s'esclaffait parfois de souvenirs qui semblaient remonter à une éternité : « tu te rappelles de l'adjudant X ? Quelle peau de vache ! » ; « tu te rappelles des virées au café de Bordeaux ? ». La jovialité n'était toutefois que de façade et, lorsqu'il déboucha de la rue Freycinet, Louis sentit comme une appréhension en apercevant la caserne et l'attroupement devant le poste de

---

[1] Merie-Joseph Chénier, *Le chant du départ*.

garde. Pendant que des mobilisés passaient le portail avec une sorte de hâte, d'autres essayaient de retarder le moment d'entrer et restaient à étreindre leurs femmes, à embrasser leurs enfants ou à discuter.

Louis à 20 ans, à l'époque de son service militaire, vers 1905.
(Coll. famille Varlan-Courtiol)

Louis suivit le mouvement de ceux qui rentraient de suite et, la grille à peine franchie, il retrouva le monde militaire tel qu'il l'avait quitté, sept ans plus tôt. Des caporaux et des sous-officiers réceptionnaient le flot des mobilisés et les envoyaient, avec force coups de gueule, vers les différents services où étaient effectuées les formalités d'incorporation, sous l'œil faussement attentif de quelques officiers qui promenaient là leurs galons tout autant que leur désœuvrement : la paperasse et les perceptions de chaussettes les intéressaient d'autant plus moyennement qu'ils allaient moissonner gloire et victoires dans quelques jours…

Un caporal prit en main le groupe dans lequel Louis avait été envoyé après s'être fait enregistrer. Avec ses nouveaux camarades, il le suivit jusqu'au magasin d'habillement, devant lequel attendaient déjà plusieurs dizaines d'individus destinés aux trois régiments d'infanterie de Cahors : il y avait là quelques compléments du 7e, unité d'active déjà formée en temps de paix, et de nombreux hommes appartenant aux deux corps de réservistes, les plus jeunes comme lui rejoignant le 207e tandis que ceux issus des classes les plus anciennes, c'est-à-dire ayant de 34 à 49 ans, intégraient le 131e Territorial.

Le caporal dirigea le groupe vers un des derniers coins d'ombre encore libre d'occupants. Là, les hommes commencèrent à patienter en discutant et en faisant connaissance. La plupart étaient mariés et les conversations revenaient souvent sur les familles laissées au village ; malgré l'optimisme de bon aloi généré par le nombre et l'ambiance inhabituelle, on percevait de l'inquiétude chez ces rudes et solides paysans qui laissaient leurs proches pour la première fois : certains se demandaient si leurs épouses allaient pouvoir faire tourner leurs fermes et, surtout, finir les moissons car, sans ça, comment allait-on manger cet hiver ? D'autres se préoccupaient des affaires qu'ils avaient en cours, entre achats de terrain et ventes de produits… Les femmes pourraient-elles les finaliser sans se faire escroquer par le premier maquignon venu ? La campagne serait certainement courte, on allait rapidement renvoyer les Boches à Berlin avec force coups de pied au cul, mais quelques semaines de mauvaise gestion suffisaient pour amener une petite exploitation à la ruine… Louis était inquiet lui aussi. Sa belle Mathilde était intelligente et travailleuse, mais elle était un peu frêle et devait de plus s'occuper de leurs filles en bas âge : Lucienne avait trois ans et demi tandis que la petite Henriette allait sur ses dix-sept mois. Contrairement à d'autres, elle ne pouvait compter sur l'aide d'aucun vieux non mobilisé, car le père de Louis était déjà décédé ; certes elle pouvait s'appuyer sur sa belle-mère, avec qui elle habitait, mais la vieille Philomène n'avait plus sa force d'antan ; quant aux proches et amis qui n'étaient pas aux armées, ils n'étaient pas en mesure de soutenir toutes les familles en difficulté.

Après avoir attendu une éternité, Louis rentra dans le magasin et, de suite, reconnut son odeur caractéristique, mélange de renfermé, de cuir et d'encaustique, la même qui avait assailli ses narines lors de son incorporation pour le service militaire, quelque neuf ans plus tôt. C'est ainsi avec une impression de « déjà vu » qu'il reçut son paquetage en suivant le comptoir qui s'étirait à l'intérieur du bâtiment.

Une fois habillés, Louis et son groupe continuèrent à accomplir d'interminables formalités et reprirent les habitudes acquises quelques années plus tôt : marcher au pas, se mettre au garde-à-vous… Le soir venu, après la soupe, il rejoignit le campement de fortune où il allait passer les prochains jours : la caserne n'était prévue que pour un seul régiment de 3 000 hommes et l'Armée fit loger les réservistes qui arrivaient par centaines là où elle pouvait en attendant le départ vers le front. Une fois seul sur sa paillasse, les conversations terminées, Louis se remit à penser à sa femme et à ses filles, qu'il avait quittées en début d'après-midi à la gare de Gourdon. Comment s'était passée cette soirée sans lui ? Comment Mathilde avait-elle couchée Henriette et Lucienne ? Ses sentiments étaient partagés : son épouse et ses petites lui manquaient déjà et il avait l'estomac un peu serré rien qu'en pensant à elles mais, d'un autre côté, il était fier de participer à l'aventure qui s'offrait à lui ; il avait le sentiment du devoir patriotique, convaincu que sa place était ici, avec tous les autres qui, comme lui, allaient ramener ces sales boches chez eux. Ce coup-ci, ils ne l'auraient pas aussi facile qu'en 1870.

Mathilde avec ses filles Lucienne, à gauche, et Henriette, sur ses genoux. Photo envoyée à Louis au front.
(Coll. famille Varlan-Courtiol)

En route vers la victoire

Les journées suivantes se déroulèrent sur le même rythme, et le 207e finit par progressivement ressembler à une unité prête au combat. Louis s'était habitué à son nouvel environnement et avait maintenant l'impression d'avoir été rappelé depuis plusieurs semaines ; il commençait à bien connaître sa compagnie, la 22e : elle appartenait au 6e bataillon du régiment et était commandée par le capitaine Boué, secondé par les lieutenants Lapouge et Toujan ; à côté de ces officiers, des sous-officiers et des caporaux complétaient l'encadrement et leurs noms à tous, comme ceux de ses camarades de section, lui étaient désormais familiers. Le 7 août, les rumeurs sur la date du départ commencèrent à se préciser et les esprits se firent de plus en plus fébriles.

7 août 1914

En cet après-midi du 7 août 1914, l'ambiance était électrique et la gare d'Aurillac, étouffant d'une chaleur moite provoquée par un soleil agressif, abritait une invraisemblable cohue où se mêlaient militaires de tous grades et civils de tous âges et de toutes conditions ; dans un brouhaha indescriptible, les cris des gradés rivalisaient avec les pleurs des épouses et des enfants, tous voulant faire entendre leurs voix aux soldats qui passaient, chargés de leurs énormes bardas. Les pauvres hommes, tiraillés entre le devoir d'obéir et la volonté d'embrasser encore et encore ceux qu'ils allaient quitter pour l'inconnu, avançaient vers les trains en essayant furtivement qui d'échanger un baiser, qui d'ébouriffer tendrement les cheveux d'une petite tête blonde, qui d'écouter une recommandation maternelle. Gabriel, lui, était monté dans le train sans être retenu par qui que ce soit, mais avec un sentiment mitigé : d'un côté, ses parents étant loin, il était presque soulagé car il voyait combien les adieux de ses camarades à leurs familles étaient déchirants mais, d'un autre côté, il aurait tellement voulu les embrasser avant de partir.

Depuis plusieurs semaines, il avait vu la situation s'envenimer progressivement et son régiment, le 139e d'Infanterie, préparer sa montée en puissance jusqu'au 2 août dernier, lorsque la mobilisation générale avait été décrétée. Pas plus que les autres, il n'avait accueilli cette nouvelle dans l'enthousiasme ; la guerre, il n'en voulait pas et il comprenait toutes ces femmes qui pleuraient dans les rues d'Aurillac après avoir lu les affiches annonçant le conflit qui arrivait et le départ des hommes. Il avait compris, en percevant les compléments de paquetage et en participant aux préparatifs, que le temps des malheurs était là ; plus personne n'avait l'espoir de voir le spectre de la guerre s'éloigner et, s'il y avait des Tartarin prêts à en découdre à tout prix, il ne les voyait pas, car la résignation était partout.

Incorporé en septembre 1913 à l'âge de 21 ans, il avait assez peu goûté de ne pas être affecté au 7ᵉ d'Infanterie de Cahors, à une vingtaine de kilomètres de Pontcirq où il habitait avec sa famille ; il avait au pire imaginé être envoyé au 9ᵉ d'Agen ou au 11ᵉ de Montauban, qui en étaient éloignés d'une soixantaine, mais il n'avait jamais envisagé la possibilité de se retrouver au 139ᵉ, à Aurillac, c'est-à-dire à plus de cent kilomètres ! Après cette première déconvenue, la vie militaire et surtout le passage des classes n'avaient pas été pour le réconforter. Certes, ses camarades de chambrée étaient sympathiques, la nourriture était bonne et il ne manquait de rien, mais pour lui, l'instruction n'était qu'une suite de « tracasseries » et de « bêtises », pour la plupart dues à son sergent, qu'il qualifiait de « sale type dégoûtant » mais qui, fort heureusement, ne l'avait pas spécialement pris en grippe ; en revanche, il s'entendait bien avec son caporal et avait une certaine admiration pour son capitaine qui, en retour, était satisfait de le compter parmi les meilleurs tireurs de sa compagnie. Dans ce climat finalement assez mitigé, ce qui lui manquait le plus, c'était son petit coin de pays, aussi la présence à Aurillac de deux amis de ses parents, messieurs Vaysse et Marty, lui avait permis de s'évader un peu. Régulièrement, il se rendait chez l'un ou l'autre durant ses quartiers libres pour y passer quelques heures avec leurs familles ; parfois, même, ils venaient à l'improviste le chercher à la fin du service, le faisant demander depuis le poste de garde pour l'emmener prendre un bon dîner. Ses parents étaient reconnaissants à ces amis éloignés de prendre soin de leur fils et leur envoyaient des produits de la ferme en remerciement.

Ses classes terminées, Gabriel avait vécu la vie du conscrit en garnison, entre marches forcées, exercices de tir, manœuvres et corvées. Il avait alors appris que le régiment devait être déplacé à Clermont-Ferrand, ce qui ne l'enchantait pas du tout car cela allait l'éloigner de son village de cent kilomètres supplémentaires. Avec sa famille, ils essayèrent de faire intervenir toutes les autorités possibles et notamment les députés du Lot Anatole de Monzie et Louis Malvy, qui se trouvait alors ministre de l'industrie et du commerce, afin de le faire muter au 7ᵉ d'Infanterie de Cahors. C'est dans l'attente de cette mutation que Gabriel avait exercé son service jusqu'à la mobilisation, tirant parfois au flanc de façon raisonnée pour ne pas se faire remarquer, mais profitant de ses soirées chez Vaysse et Marty et, surtout, de ses rares permissions.

Le sifflet du chef de gare retentit. Le désordre monta à son comble dans les compartiments, les soldats s'agglutinant aux fenêtres pour échanger une dernière parole, un dernier geste avec les proches qui, restés sur le quai, étaient presque collés aux voitures. Gabriel entendit les premiers halètements de la locomotive et le train s'ébranla doucement. Quelques secondes plus tard, les civils couraient à côté de lui pour prolonger encore les adieux mais ils furent rapidement distancés ; certains camarades se penchèrent alors dangereusement vers l'extérieur pour voir leurs proches jusqu'à la dernière extrémité puis, quand ils eurent disparus, rentrèrent à l'intérieur des compartiments surpeuplés, mais redevenus silencieux d'un coup, avant de commencer à chercher une place pour s'asseoir.

Après un moment, l'impression de participer à une grande excursion prit le dessus sur la mélancolie : des saucissons, des pâtés, des jambons sortirent des musettes accompagnés de quelques bouteilles de rouge ; les conversations et les parties de cartes commencèrent timidement avant de battre leur plein. Au bout de quelques heures, tout le monde avait aménagé sa place et était installé pour durer.

Gabriel regardait de temps à autre les paysages et les villes qui se déroulaient de chaque côté du train ; il découvrait de nouvelles provinces, notait les différences par rapport à ce qu'il connaissait. La nuit tombée, ses yeux furent attirés par les lumières qui filtraient des maisons ; il imaginait la quiétude des foyers et les repas d'été qui se terminaient tard le soir, pensées qui le ramenaient toujours à Tourniac, le hameau de la commune de Pontcirq où il habitait avec ses parents et sa grand-mère. Toute la journée et la nuit suivantes se passèrent dans la même ambiance, rythmées par les arrêts continuels du train provoqués par l'encombrement du trafic ; enfin, au matin du troisième jour, le convoi stoppa dans une petite gare au nom lorrain typique : Girancourt, dans la plaine des Vosges.

Le débarquement commença sous les gueulantes des sous-officiers, les hommes se bousculant et se perdant d'une compagnie à l'autre, pendant que les uns et les autres cherchaient leurs caissons de munitions, leurs cuisines roulantes ou leurs animaux de bâts. Au bout de quelques heures, le 1er bataillon fut prêt à rejoindre ses cantonnements ; la compagnie de Gabriel, la 4e, qui lui était rattachée, se mit alors en route derrière son chef, le capitaine Richard.

Ô mon pays

Après une marche de 7 kilomètres, elle atteignit Charmois-l'Orgueilleux, un village de quelques masures où devaient se rassembler les 3319 hommes du régiment et leurs 185 chevaux et mulets ; à 17 heures, ils étaient tous là. Les officiers furent logés chez l'habitant, ainsi que quelques sous-officiers, mais pour les simples soldats comme Gabriel et ses camarades, ce furent les champs et les sous-bois, encore accueillants en cette saison.

10 août 1914

Alors que Gabriel arrivait dans les Vosges, Louis descendait vers la gare de Cahors avec sa compagnie. Le soleil était haut et tapait fort mais, heureusement, il n'y avait que quelques centaines de mètres à parcourir. Il y avait foule sur les quais, mais Louis remarqua surtout quelques femmes qui cherchaient leurs maris au milieu des centaines de soldats qui se préparaient à embarquer et les rapides embrassades qui suivirent lorsqu'elles les trouvèrent ; pour le reste, l'endroit appartenait tout entier à l'administration militaire et à ses sévères représentants. Sa compagnie commença à monter dans les wagons peu après une heure de l'après-midi. Après s'être installé, il attendit patiemment le départ au milieu du tohu-bohu provoqué par ses camarades qui s'agglutinaient aux fenêtres pour échanger un dernier mot avec leurs familles. Au bout d'un moment, les sifflets retentirent et le frémissement du train, lorsqu'il se mit en marche, provoqua un surcroît d'agitation tant sur les quais que dans le wagon ; celui-ci n'avait pas parcouru cent mètres que la rumeur des adieux éplorés s'était dissipée, laissant un silence pesant s'installer dans la voiture.

La ligne Toulouse-Paris empruntée par le convoi passait à trente mètres de sa ferme, la Vergne Grande ; elle était située peu après Gourdon, qui fut atteint en une demi-heure. Louis resta alors quelques instants collé à la fenêtre pour la regarder en essayant de distinguer ses proches pour leur adresser un signe. A peine eut-il le temps de balayer la maison, la grange et le jardin du regard que déjà ils disparaissaient, la voie s'éloignant dans une grande courbe juste après.

Tandis que le train continuait à filer vers le nord, il se rassit et commença à casser la croûte en regardant ce qui se passait à l'extérieur. Partout, que ce soit des paysans dans leurs champs ou des citadins à leurs balcons, tout le monde faisait des signes amicaux en direction des convois en partance pour le front ; ces manifestations patriotiques, qui atteignirent leur paroxysme à la

En route vers la victoire

Souterraine et Argenton-sur-Creuse, touchèrent Louis au cœur. Plus tard, le train resta bloqué deux heures sur un pont de la Loire à cause de l'encombrement des voies et il en profita pour commencer à examiner les paysages alentours, aux formes si nouvelles pour lui, puis poursuivit ses observations une fois que le convoi fut reparti. Il trouvait superbe tout ce qu'il voyait et il s'empressa d'écrire les premières lignes de son carnet de guerre, s'appliquant à relater ses impressions les plus marquantes et les détails qui lui semblaient notables ; à travers la première page de ce carnet apparaissent en filigrane l'ouverture d'esprit et la curiosité de Louis, mais aussi sa volonté de garder intacts ses souvenirs de campagne : il les raconterait plus tard, durant les veillées, à ses filles certes, mais aussi à ses gendres et à ses petits-enfants ; il serait comme ces vieux vétérans de 1870-71 dont les récits d'aventures l'avaient tant impressionné.

Le train transportant son bataillon arriva en garde de Valmy le 12 août vers 13 heures. Ainsi il était à Valmy, lieu de la bataille dont son maître d'école avait tant parlé ; c'était sensiblement différent des représentations qu'il en avait vues, y compris celles du moulin. Une fois sa compagnie rassemblée, elle prit le pas de route pour rejoindre ses cantonnements, mais les environs étaient tellement encombrés de troupes que les haltes étaient nombreuses. Il en profitait pour admirer les paysages en bon paysan : il était émerveillé par les immenses champs de blé qui s'étendaient à perte de vue. La Vergne Grande, sa ferme, était située sur un petit plateau appelé « la Plaine », mais elle n'avait rien de comparable avec l'immense tapis blond légèrement ondulé qui s'offrait à son regard ; en passant devant les exploitations, il détaillait les imposants matériels de travail et notait les spécificités de l'agriculture locale.

Heureux qui, comme Ulysse, a fait un beau voyage,
Ou comme cestuy-là qui conquit la toison,
Et puis est retourné, plein d'usage et raison,
Vivre entre ses parents le reste de son âge ![2]

---

[2] Joachim du Bellay, *Heureux qui comme Ulysse…*

Ô mon pays

13 août 1914

A Pontcirq, la commune de Gabriel, Jean-Pierre Cussat, que tout le monde appelait Jules, avait fort à faire car, avec tous les hommes qui étaient déjà partis, il fallait soutenir toutes les exploitations tenues par des femmes seules et aider ces dernières à rentrer les moissons. La solidarité paysanne jouait à plein, on organisait des tours d'entraide auxquels tous participaient, des enfants aux vieillards, hommes et femmes. Jean-Pierre avait 37 ans et, étant maintenant parmi les plus jeunes chefs de famille du village, il se devait de montrer que, même s'il ne montait pas au front, il était utile pour la communauté. Il s'en suivait un travail beaucoup plus important pour lui, car il était toujours tenu par ses obligations de cantonnier et devait aussi s'occuper de ses terres et de ses vignes, mais aussi pour Thérésine, sa femme, ainsi que pour son fils Paul, qui venait d'avoir 13 ans, et sa fille Irène, qui en avait eu 6 en mai.

Il avait un peu envié les jeunes qui partaient : ils seraient certainement rentrés bientôt avec des lauriers au bout de leurs fusils et des souvenirs à raconter ; il avait fait son service au 7e de Cahors, mais comme il avait été reconnu soutien de famille, il n'avait fait que dix mois, de novembre 1897 à septembre 1898, ce qui ne l'avait pas empêché d'obtenir son certificat de bonne conduite. Il avait maintenant dépassé l'âge de la réserve de l'armée d'active et, s'il était un jour mobilisé, ce à quoi il ne croyait pas vraiment, ce serait dans l'infanterie territoriale, où servaient les réservistes âgés de 35 à 49 ans. Ce 13 août, après une dure journée passée aux champs sous un soleil brûlant, il rentra chez lui, dans la petite maison du Cluzel, un des hameaux de Pontcirq, et goûta à la quiétude de son foyer ; Paul l'avait bien aidé et était tout aussi épuisé. Il était dégourdi mais encore un peu gamin : plus tard, il lui apprendrait tout ce qu'il savait.

Le baptême du feu

13 août 1914

Gabriel était épuisé. Il n'avait pas cessé de marcher depuis son arrivée en Lorraine. Ses chaussures cloutées lui lacéraient les pieds tandis que les lanières des équipements et les bretelles du sac et de la musette lui sciaient les épaules ; il ne cessait de remettre et d'enlever son képi pour éponger la sueur qui coulait à grosses gouttes de son front. Il avait depuis longtemps cessé de prêter attention aux magnifiques attelages des canons de 75 qui, tirés par six chevaux chacun, doublaient les colonnes d'infanterie au galop ; ils dégageaient une épaisse poussière qui, en recouvrant leurs visages, donnait à ces fantassins de 20 ans des airs de vieillards ; surtout, elle accentuait encore la soif alors que tous avaient les bidons vides et que le terrain vosgien se faisaient de plus accidenté.

Le soir arrivait doucement et Gabriel espérait que la nuit et sa fraîcheur ne tarderaient pas trop ; surtout, il pensait à l'étape, qui mettrait fin à cette difficile journée : il n'avait qu'une seule envie, se jeter au sol et dormir comme une masse, et ce d'autant plus qu'on leur avait annoncé que le combat approchait à grands pas. Le régiment passait la Meurthe sur un pont de chemin de fer et Gabriel, en l'empruntant alors que la nuit était tombée depuis déjà un bon moment, apprécia la sensation de fraîcheur que l'air de la rivière lui procura. Avec sa compagnie, ils suivirent ensuite la voie sur 2 kilomètres et atteignirent rapidement le village de Bertrichamps. L'ordre d'arrêt à peine donné, les hommes s'affalèrent au sol et s'assirent le long des murs, certains ne tardant pas à somnoler ; il était tard mais l'ordre d'installer le bivouac ne vint pas ; au contraire, au bout de quelques longues dizaines de minutes, les gradés passèrent dans les sections pour donner l'ordre aux hommes de rester équipés et de se tenir prêts à marcher : on allait attaquer ; un murmure parcourut les rangs… Ceux qui avaient encore assez de forces commencèrent à discuter fébrilement, tandis que d'autres, abrutis de fatigue, reprirent leurs sommes précaires. La nuit était maintenant très fraîche et, trempé de la sueur de la journée, on en venait parfois même à grelotter. L'attente ne fut pas longue, car il sembla à Gabriel qu'il n'avait fermé les paupières que quelques secondes lorsque l'ordre de se remettre en route parcourut la rue du village ; on sut que l'on allait se mettre sur les positions de départ : ça y est, on y allait.

  Le bataillon n'avait pas rejoint sa position depuis une heure que l'ordre d'attaquer fut donné. L'aurore pointait tout juste. « Baïonnette au canon » ! Comme à l'exercice, tout le monde s'exécuta dans un cliquetis métallique ; Gabriel regarda l'instrument avec un nouvel œil, mais il n'eut pas vraiment le temps de se perdre en pensées moroses : d'un bout à l'autre de la lisière retentit soudain un « en avant » repris par des dizaines de gradés. Gabriel fit comme on le lui avait appris : il se leva et commença à avancer en ligne avec ses camarades, fusil pointé vers l'ennemi. Il sursauta lorsque le premier obus éclata, à une cinquantaine de mètres de lui, soulevant un nuage de fumée et de poussière ; il fut immédiatement suivi par des dizaines d'autres. D'un coup, le champ dans lequel il se trouvait pris un tout autre relief, car bien que plat, il semblait infranchissable ; beaucoup d'hommes s'étaient plaqués au sol, dans un réflexe de survie. Les officiers et sous-officiers hurlaient d'avancer, criant d'autant plus fort qu'ils avaient eux aussi la trouille qui leur nouait les tripes. Se ressaisissant, tenaillé entre la peur des obus et celle du sergent, Gabriel essaya de suivre les ordres ; il était comme dans un état second, avançant, s'arrêtant, tirant au rythme des ordres donnés. Il ne s'aperçut même pas du temps qui passait et il n'aurait pu dire quelle distance il avait parcouru. Le soleil tapait dur lorsque sa compagnie s'arrêta sur un petit mouvement de terrain et que l'on donna l'ordre de rester face à l'ennemi.

  La tension de Gabriel retomba ; il prit alors conscience de ce qu'il venait de vivre : si ce n'était la fatigue et la peur des premières minutes, l'affaire n'avait pas été si difficile, les obus avaient blessé quelques types mais, finalement, c'était des gars qui avaient joué de malchance car, en ce qui le concernait, il n'avait pas eu de mal à passer au travers. Certes, il n'avait pas vraiment vu d'Allemands, son bataillon n'étant pas le premier échelon d'attaque, mais cela montrait que l'assaut français avait bien fonctionné et que les Boches s'étaient pris une leçon, étant donné qu'ils avaient reculé en abandonnant leurs positions.

Le baptême du feu

Cela faisait plusieurs heures que le premier assaut était terminé ; on n'avait toujours pas repris le combat mais le bataillon s'était aligné avec le reste du régiment pour se préparer à une nouvelle charge. A 19 heures, un ordre d'attaque fut donné : tout le régiment, avec ses 3 000 hommes alignés, s'élança alors d'un bond en direction des positions ennemies ; les Allemands avaient déjà reculé toute la journée, il n'y avait plus qu'à les finir. Gabriel et ses camarades hurlaient en courant, farouches, baïonnettes pointées ; ils étaient confiants en l'issue du combat.

Gabriel ne comprit pas de suite ce que ce bruit sec, infernal et saccadé était. Il émanait de plusieurs points de la ligne ennemie, que l'on découvrait à moins de cent mètres, et était accompagné par de furieux coups de Mauser. C'était les mitrailleuses Maxim qui venaient de rentrer en action. L'enfer se déchaîna en moins d'une seconde et il plongea au sol. Les balles sifflaient de tous les côtés, frappant ses camarades ou se fichant dans le sol avec un bruit sourd ; on entendait hurler, mais pas les mêmes hurlements que ceux poussés au moment de la charge, car désormais c'était des cris affreux traduisant toutes les gammes de la douleur : certains haletaient dans les aigus, d'autres laissaient échapper de longs graves.

Fuir, fuir à tout prix devant ce déchaînement de fer et de feu ; Gabriel rampa comme un dément pour se mettre hors du champ de tir puis, après une vingtaine de mètres, se leva sans s'en apercevoir et se mit à courir comme il ne l'avait jamais fait. Au bout d'un moment, perdu au milieu d'un bois il ne savait où, il s'arrêta et s'aperçut qu'ils étaient plusieurs dizaines à avoir pris la même direction. Ils étaient tous penchés vers l'avant, haletants, leurs poumons brûlants cherchant un air qui semblait absent ; petit à petit, par bribe, certains se mirent à parler : « qu'est-ce qu'on a pris » ! Les belles compagnies qui ce matin encore s'alignaient parfaitement pour l'assaut n'existaient plus et s'étaient en quelques minutes transformées en un immense troupeau de soldats dépenaillés, poussiéreux et, pour beaucoup, blessés ; ils avançaient dans la direction opposée à la fusillade, qui avait baissé d'intensité mais se poursuivait encore de façon plus ou moins sporadique avec quelques échanges d'artillerie. Assommés par l'épreuve qu'ils venaient de subir, ils allaient sans ordre, en suivant les chemins ou en marchant entre les arbres, regardant parfois en arrière avec des yeux inquiets. Au bout d'un moment, quelques officiers et sous-officiers retrouvèrent leurs esprits et des commandements commencèrent à se faire entendre. Instinctivement, les hommes se rapprochèrent et obéirent immédiatement : il est des situations chaotiques où la discipline apparaît comme providentielle, avec ses repères bien établis. Petit à petit la chaîne hiérarchique finit par se reconstituer, bien que très imparfaitement, et c'est intégré à ce qu'il restait de son bataillon que Gabriel arriva à Raon-l'étape à la nuit tombante. Il était épuisé et nerveusement atteint, comme la plupart de ses camarades, pourtant il ne fut pas question de dormir comme ils l'avaient fait lors des premières nuits : le village devait être mis en défense et prêt à recevoir une éventuelle attaque des Allemands.

La nuit fut mauvaise : les hommes avaient encore les yeux remplis des images d'horreur vues la veille tandis que l'idée que les Allemands les attaquent à leur tour leur retournait le ventre, et ce d'autant plus que l'on ne cessait d'entendre les échanges d'artillerie. Ils ne cessèrent pas avec l'aube.

Gabriel et ses camarades furent peut-être plus perdus durant cette matinée qu'ils l'avaient été pendant et après le combat de la veille : leur monde avait changé, ce monde qu'ils croyaient immuable il y a 24 heures encore ne l'était plus ; ces combats sur les terrains d'exercice, cent fois répétés et cent fois gagnés, n'avaient donc été que de vilaines parodies ? Les gradés avaient assuré la victoire et on les avait cru, mais combien étaient-ils allongés sur le pré pour avoir trop cru eux-mêmes en leurs fantasmes guerriers ? Et la mort, cette mort que l'on imaginait touchant uniquement les malchanceux, les malades et les vieux en leur laissant un corps dignement allongé et un visage apaisé, cette mort pouvait prendre des centaines de jeunes en bonne santé et les broyer en quelques secondes, semant derrière elle des pantins affreusement démembrés et des figures aux rictus tourmentés.

Après avoir rassemblé ce qu'il restait de son bataillon et les isolés qui l'avaient rejoint par hasard, le commandant Rey lui fit prendre la route de Neufmaisons, quelques six kilomètres au nord-ouest, où le reste du régiment était en train de se reconstituer. Durant le court trajet, Gabriel entendit les premiers bobards de la guerre : comme on remontait en direction de l'ennemi, certains firent courir le bruit que l'on allait attaquer de nouveau, ce qui provoqua un certain désarroi dans les rangs. En fait, on arriva dans un bois et les officiers commencèrent à réorganiser l'unité tout en lui assignant des positions de défense face à l'ennemi. Des hommes que l'on croyait morts réapparurent, ils s'étaient trouvé mélangés à d'autres unités durant la fuite, mais malgré cela de larges vides subsistaient dans les effectifs : le régiment avait perdu 468 hommes durant ce premier combat.

Le baptême du feu

15 août 1914

Alors que Gabriel se trouvait, encore hébété et poussiéreux, posté dans un bois des Vosges, Louis était en train de marcher avec sa compagnie dans les Ardennes, 180 kilomètres plus au nord. Cela faisait plusieurs jours qu'il se déplaçait ainsi au rythme de 10 à 15 kilomètres quotidiens, prenant les cantonnements d'alerte à chaque étape, sans trop percevoir la logique de ces mouvements. Ce matin-là cependant, un fait nouveau vint alimenter les conversations qui commençaient à s'essouffler tant l'ensemble des sujets possibles avait été passé en revue : le canon se fit entendre au loin. La guerre, qui pour beaucoup était devenue une idée abstraite uniquement matérialisée par une succession de marches éreintantes, commença à devenir une réalité, bien qu'encore lointaine. Ce martèlement sourd avait quelque chose d'inquiétant, mais l'on s'y habitua vite et beaucoup plus facilement qu'aux douleurs qui enserraient les pieds et les épaules, maltraités à chaque instant.

L'ensemble du corps était d'ailleurs mis à rude épreuve, car entre les marches, Louis et ses camarades étaient parfois employés à charger et décharger des convois de vivres ou de munitions. Cet inconfort et ces tâches inintéressantes, qui se poursuivirent durant plusieurs jours, n'altérèrent pourtant pas le regard de Louis, toujours prêt à s'intéresser à ce qui l'entourait et rapportant ses impressions dans son petit carnet. Il était en revanche assez mécontent du ravitaillement, car le vin avait disparu de l'ordinaire, mais ce petit désagrément ne durerait pas, car la campagne serait bientôt terminée : comment les Allemands pourraient-ils repousser cette immense armée qui montait vers eux ? Chaque jour, il voyait des milliers de fantassins en rouge et bleu avancer d'un pas décidé, des dizaines et des dizaines d'attelages d'artillerie, des centaines de cavaliers avec leurs uniformes chamarrés ; il avait même vu passer de magnifiques cuirassiers, avec leurs énormes chevaux et leurs longs sabres droits. Le soir, avant de s'endormir, il pensait à Mathilde en espérant qu'elle ne peinait pas trop à assurer les travaux de la ferme, mais d'un autre côté il se disait que les difficultés passagères imposées à sa famille n'étaient peut-être pas grand'chose à côté de l'aventure qu'il lui été donnée de vivre, aventure à laquelle il aurait eu honte de se dérober alors que toute la jeunesse française y participait : sa femme, ses filles et sa mère pourraient être fières de lui quand il rentrerait, victorieux, d'ici à quelques semaines.

Ô mon pays

18 août 1914

Au 139ᵉ, le répit avait été de courte durée et Gabriel était angoissé de déjà repartir vers le nord. Son régiment prit la direction d'Abreschviller, situé à une quinzaine de kilomètres mais, curieusement, l'ennemi n'opposa pas de résistance sérieuse : le gros de ses troupes semblait s'être retiré. Son bataillon alla s'installer à quelque distance au nord d'Abreschviller, autour du village de Brouderdorff, et y resta durant deux jours.

Le 20 août, à six heures du matin, Gabriel sursauta : des obus commencèrent à tomber par grappes autour de lui ; il se plaqua au sol, affolé par les intenses sifflements suivis d'explosions bien plus violentes que celles qu'il avait subies quatre jours auparavant. C'était l'artillerie lourde qui tirait et faisait tout voler en éclats : des gros blocs de grès de maisons et de granges s'élevaient dans les airs entourés de nuées de tuiles brisées et de poussière avant de lourdement retomber au sol, écrasant des dizaines de pauvres gars, tandis les millions d'échardes provenant des arbres pulvérisés fusaient horizontalement avant de se briser ou de se ficher dans le premier obstacle ou soldat venu. Plaqué au sol, Gabriel avait l'impression que son estomac allait se déchirer et que ses tempes allaient se rejoindre en lui faisant éclater le crâne à chaque fois qu'un obus explosait non loin de lui. Le bruit était infernal mais, au milieu des éclatements, on distinguait les hurlements affreux des blessés et les ordres que certains chefs essayaient de donner. De ces moments terribles et déments, ce furent les supplices des mutilés qui marquèrent le plus son esprit : pour lui, qui aimait tant ses parents, les cris « maman » ou « papa » poussés par ses camarades à l'agonie ou ayant dépassé les limites supportables de la douleur, regardant parfois à quelques mètres, incrédules, le membre qu'un éclat venait de leur arracher, étaient tout simplement insupportables. Plus les minutes passaient, plus Gabriel enfonçait son visage dans le sol et son esprit affolé s'éloignait de la réalité.

Quelque chose frappa violemment sa cheville et la douleur se propagea le long de sa jambe. Il comprit assez rapidement que c'était un éclat de métal qui était venu finir sa course folle contre lui, mais il lutta pour ne pas regarder les dégâts : non seulement il avait peur de lever la tête et de l'exposer aux

Le baptême du feu

shrapnels[3], mais surtout il redoutait de voir ses chairs meurtries. Il fut pourtant bientôt fixé : le tir commença à se calmer et les officiers et sous-officiers quittèrent leurs protections pour ramener tout le monde sur les positions de combat. L'infanterie ennemie allait attaquer. Gabriel ne parvint pas à se lever seul et c'est l'un de ses camarades qui l'aida à le faire avant de l'emmener derrière un talus ; en claudiquant, il regarda comme pour la première fois autour de lui : ici et là, des bâtiments éventrés vomissaient des gravas fumants tandis qu'autour d'eux les hommes en uniformes rouges et bleus semblaient pris d'une folie collective, les vivants courant sans ordre apparent, les blessés se trémoussant sur le sol et les morts gisant comme un immense catalogue de mutilations de guerre.

Gabriel écouta les consignes d'un caporal qui n'appartenait pas à sa section ; il ne savait d'ailleurs pas où celle-ci était et, ne pouvant se déplacer, il ne pouvait que rester posté derrière le talus où son camarade l'avait mené. Un champ de blé s'étendait face à lui et il fixait la lisière d'en face, observant ses moindres recoins pour y déceler la présence des soldats ennemis. Très vite, il perçut quelques mouvements, mais les ordres étaient clairs : interdiction de tirer de sa propre initiative. Agacé par la lourde chaleur estivale et sa douleur à la cheville, tremblant de peur, il attendait. Il crut que son cœur allait faire exploser sa poitrine lorsque l'infanterie allemande sortit d'un seul coup de sa cachette et s'élança sur le découvert. Il eut l'impression que des minutes entières passèrent avant que le lieutenant ne crie « feu ». Gabriel se mit alors à tirer aussi vite qu'il le pouvait, chargeant le magasin de son arme à une vitesse qu'il n'avait jamais atteinte à l'instruction. Il n'aurait pu dire s'il faisait mouche : il visait, appuyait sur la détente, manoeuvrait la culasse puis recommençait sans se soucier du résultat.

Les balles sifflaient à ses oreilles, les fantassins ennemis étaient énergiques et leurs mitrailleuses ne cessaient de les appuyer ; ils semblaient se rapprocher. Un ordre de repli courut bientôt de proche en proche. Gabriel s'affola : il ne pouvait pas marcher seul, comment allait-il se replier ? Il s'imagina un court instant prisonnier, puis abattu au révolver par un officier prussien hargneux. Son début de panique cessa lorsqu'il vit les deux camarades qu'il venait de héler s'approcher et le saisir pour l'aider à se lever.

---

[3] Shrapnel : du nom de son inventeur Henry Shrapnel, est le nom désignant un obus chargé de balles qui sont projetées à l'explosion. Ce terme a souvent été utilisé pour désigner des petits fragments projetés par une explosion, quelle que soit leur origine.

Ô mon pays

La suite fut confuse. La ligne de défense se reforma plusieurs fois en arrière car, à chaque fois, la pression des Allemands était si forte qu'elle provoquait sa rupture. Gabriel se retrouva à un moment sans personne pour l'aider et c'est en s'appuyant sur son fusil, au prix d'immenses efforts, qu'il parvint à suivre ses camarades ; il était hors de question de se faire prendre maintenant qu'il savait que ses peurs étaient fondées : là où il était posté quelques minutes auparavant, il avait clairement aperçu des Allemands en train d'achever des blessés à coups de baïonnette. Il faisait nuit depuis un bon moment lorsqu'il descendit enfin le ravin de Hartzviller, au bord duquel son régiment s'était installé afin d'arrêter, pour quelques heures au moins, l'avancée ennemie.

Il fut conduit vers le poste de secours au milieu des explosions, l'artillerie ennemie tenant désormais le village sous son feu. Des centaines d'autres blessés y affluaient ; ils étaient en loques, poussiéreux, leurs uniformes largement tachés de sang et couverts de pansements sales. Même les plus gravement atteints étaient couchés à même le sol, les brancards faisant défaut ; venant de l'intérieur du bâtiment, les cris de ceux que l'on était en train d'amputer à vif glaçaient le sang de ceux qui attendaient à l'extérieur. Gabriel était épuisé et, lassé d'attendre, il fit comme la plupart de ses compagnons d'infortune : il s'allongea dans un recoin pour se protéger un peu et attendit là, prostré dans un demi-sommeil, que l'on s'occupa de lui.

21 août 1914

La guerre que Louis menait depuis une dizaine de jours se résumait à une longue marche rythmée par le lointain son du canon. Il avait été détaché au train de combat[4] du corps d'armée et son travail consistait essentiellement à décharger le matériel nécessaire au montage du quartier général à chaque halte, puis à tout recharger une fois l'étape terminée. Le sentiment de confiance et de force que lui donnait le spectacle des troupes montant vers l'ennemi ne l'avait pas quitté et se renforçait encore en voyant des officiers de toutes les unités, visiblement sûrs d'eux, venir assurer la liaison à l'état-major avant de repartir vers leurs régiments au grand galop. Il continuait à observer avec l'œil du touriste estival les nouveaux paysages qu'il découvrait au fur et à mesure de

---

[4] Ensemble des voitures affectées à une unité pour transporter les approvisionnements, les munitions et le matériel nécessaire au combat.

Le baptême du feu

l'avance, admirant ici la belle église de Sommauthe, ou détaillant là l'abbatiale et d'autres vieux édifices de Mouzon.

Le 22 août, les choses se précipitèrent : le 17e corps d'armée, avec le 207e d'Infanterie en pointe, passa à l'attaque et franchit la frontière belge avec la ville de Bertrix comme principal objectif. Louis n'en fut pas : le train de combat du corps d'armée resta en arrière et alla s'installer sur le site des forges de Brévilly, au bord de la rivière Chiers. Le lendemain, dès le réveil, Louis remarqua que le canon tonnait beaucoup plus fort que d'habitude et que le bruit provenait très distinctement de Belgique, de là où le corps d'armée était passé à l'offensive. Toute la journée, il attendit avec ses camarades le dénouement du combat, peut-être un peu ennuyé de ne pas y participer, en commentant les bruits de couloirs que certains laissaient filtrer de l'état-major.

Petit à petit, l'air inquiet et parfois décontenancé des officiers de liaison confirma les rumeurs et commença à inquiéter les hommes : tout ne se passait pas comme prévu. Bientôt, les premiers fuyards qui passèrent le pont de Brévilly par petits groupes isolés apprirent à ceux qui étaient restés en arrière que les pertes du corps d'armée étaient immenses, qu'à Bertrix les Allemands les avaient écrasés sous les obus et que leurs mitrailleuses avaient fait des ravages dans les rangs ; le flot des hommes en retraite gonfla ensuite de façon démesurée et la route ne fut bientôt plus qu'un long cortège d'individus dépenaillés, parfois sans armes, à la mine abattue, au milieu desquels émergeaient des cavaliers ayant perdu leur superbe, des attelages d'artillerie plus chargés que des omnibus les jours de marchés, et des chariots ambulances aux ridelles couvertes de sang d'où provenaient des gémissements de blessés. Cette subite débandade ébranla Louis ; il lutta pour ne pas se laisser obnubiler par ce spectacle désespérant, essayant plutôt de porter son attention sur les troupes encore en ordre qui étaient en train de prendre position pour défendre le passage du pont, mais en fait une autre pensée négative lui vint en les regardant : nous étions à plus de 20 kilomètres de Bertrix, comment avions-nous pût lâcher autant de terrain en une seule journée ? Il n'eut cependant pas le temps de réfléchir longtemps à la situation qui, en moins de 24 heures, avait changé du tout au tout : le train de combat se repliait lui aussi et devait immédiatement se rendre à Angecourt, 8 kilomètres au sud-ouest ; il y passa le reste de la journée à fébrilement déconditionner des boîtes de cartouches.

A force de recevoir ordres et contrordres au milieu de routes et de chemins encombrés par l'armée en retraite, le train de combat auquel appartenait Louis finit par se scinder en plusieurs éléments qui se perdirent rapidement de vue avant de passer des heures à essayer de se retrouver. Malgré son désarroi, Louis refusait ce spectacle de déroute et, parmi toutes les rumeurs qui circulaient autour de lui, il ne prêtait attention qu'à celles faisant état de faits positifs, comme celle qui annonça que deux régiments ennemis, l'un de uhlans et l'autre d'artillerie, venaient d'être anéantis. Pourtant, comme pour renforcer encore le tragique de la situation, le soleil estival qui avait accompagné la montée en ligne disparut pour laisser place à une pluie continue et il dut passer la nuit du 26 dans un champ avec sa seule capote trempée pour protection.

Les jours suivants se déroulèrent dans la même ambiance de défaite, les troupes françaises étant talonnées par les Allemands qui, loin de cesser leur effort, poussaient toujours plus avant leur avantage. Ce n'est que le 4 septembre, après plus de 90 kilomètres de retraite, qu'il atteignit Châlons-sur-Marne ; il y fut rejoint par son régiment et réintégra alors sa compagnie avant de continuer sa route avec elle jusqu'à Humbauville, une trentaine de kilomètres plus au sud.

Il n'eut pas le temps de se reposer car les deux nuits suivantes furent passées à marcher pour, au soir du troisième jour, se retrouver face aux canons ennemis en prenant les avant-postes. Les ordres arrivèrent tôt le lendemain matin et les gradés expliquèrent rapidement aux hommes que le bataillon avait pour mission de protéger des batteries d'artilleries afin de leur permettre d'effectuer leurs tirs dans les meilleures conditions possibles. La compagnie de Louis fut ainsi envoyée vers 11 heures 30 tenir une hauteur pour contrer une colonne ennemie qui allait s'en emparer. Immédiatement, il fit connaissance avec le feu terrible des mitrailleuses Maxim mais, contrairement à ses camarades lors des tous premiers combats, il avait une vague idée de ce qui l'attendait et ne fut pas réellement surpris par la réalité du combat, même si ce fut une épreuve plus que difficile. L'affrontement commença sur une mauvaise note, car il vit son commandant de compagnie tomber, blessé, dès le début de la progression. L'engagement fut bref, mais il vit qu'il avait coûté de nombreux soldats à son unité. Abruti et en sueur, surpris de ne plus entendre siffler les balles, il suivit sans réfléchir ses camarades lorsqu'ils quittèrent la position, deux heures plus tard, pour aller s'installer à quelques pas de là afin de tenir un bois ; ils y restèrent en défensive durant le reste de la journée et toute la nuit suivante.

Le lendemain matin à l'aube, la compagnie se mit en ordre pour monter tenir les lignes autour de Saint-Ouen-Domprot, au sud du camp militaire de Mailly. La position était battue par l'artillerie et, lorsque les obus s'arrêtaient de tomber, c'était au tour des fantassins allemands de monter à l'assaut en hurlant. Louis ne savait pas combien de fois ils étaient revenus ni combien de fois il avait rechargé le magasin de son Lebel : il était épuisé et nerveusement à bout, le cerveau sonné par les explosions ; tout autour de lui, le terrain bouleversé était parsemé de morts et d'une multitude de blessés qui quémandaient de l'aide, de l'eau, et parfois même une balle dans la tête pour faire cesser leurs insupportables tourments.

Une vague d'assaut venait de se dévoiler et avançait vers les lignes françaises. Alors qu'il courrait à demi courbé pour trouver une nouvelle position de tir, Louis se sentit projeté en arrière par un invisible mais formidable coup à la poitrine ; tombé sur le dos, il se mit à ouvrir grand la bouche en cherchant son air, l'esprit affolé par la douleur qui lui fouillait le thorax et l'impression de mourir asphyxié. Durant quelques minutes, son cerveau bouillonnant incapable de fonctionner normalement et mettant tous ses réflexes vitaux en action de façon désordonnée, il perdit contact avec la réalité.

Petit à petit, il reprit conscience du bruit de la bataille qui semblait émerger d'un univers ouaté. Comme il avait très mal au niveau du cœur et dans le dos, il pensa avoir pris deux balles dans le corps ; son sang avait abondamment coulé et poissé sa vareuse. Il resta là étendu un moment, le moindre de ses mouvements lui arrachant des gémissements de douleur, jusqu'à ce qu'une accalmie dans le combat permette à ses camarades de s'occuper des blessés. Deux d'entre eux le prirent en charge et le traînèrent hors de la zone immédiate des combats avant de le confier à la première unité de brancardiers qu'ils rencontrèrent.

Louis souffrait mais il était soulagé d'être sorti de cet enfer. Le point de regroupement des blessés était à moins de 10 kilomètres de la ligne de front et il entendait clairement la clameur de la bataille et les coups de canons. Il pensa à Mathilde et aux filles. Il s'en était fallut de peu pour qu'il ne les revoit plus et reste étendu agonisant sur le champ de bataille comme des milliers de camarades. Il s'assoupit en prenant garde de bien se caler pour ne pas faire de douloureux faux mouvements dans son sommeil. Le lendemain, lorsqu'il ouvrit les yeux et regarda autour de lui, il vit qu'il était dans un bois où des centaines de blessés avaient trouvé refuge et au milieu desquels des infirmiers s'affairaient en courant de l'un à l'autre ; ils les chargeaient à tour de rôle sur un brancard pour les amener aux médecins, dont le cabinet était installé sous une tente, dans une clairière. Il faisait encore une chaleur étouffante et des nuées de mouches entouraient les blessures recouvertes de pansements sales et sanguinolents offerts à leur appétit. L'eau manquait et les hommes réclamaient à boire comme une rengaine sans fin.

Quand ce fut son tour, le médecin l'examina rapidement et lui apprit qu'en fait une seule balle l'avait atteint, mais qu'elle l'avait traversé de part en part ; il s'en était fallu de peu, car elle était rentrée juste sous le cœur avant de ressortir en bas de la cage thoracique. On le débarrassa ensuite de sa vareuse et de sa chemise imprégnées de sang séché pour lui faire un pansement.

Un brancardier lui avait affirmé que des autobus devaient incessamment arriver pour emmener les blessés en direction des hôpitaux, mais le temps passait sans que rien ni personne ne se manifeste. Finalement, après de longues heures d'attente, ce furent des camions de ravitaillement qui arrivèrent pour les emporter. Chargés sur les plateaux à même le plancher et sans aucun confort, le transport jusqu'à l'ambulance[5] fut un véritable calvaire rythmé par les cris que les malheureux poussaient à chaque fois que les véhicules passaient sur un nid de poule. La chaleur sous les bâches était bien pire que sous les couverts des bois. Alors qu'il avait été heureux d'embarquer pour partir, Louis ne souhaita plus, après quelques dizaines de minutes, que descendre de ces engins de malheur.

Arrivé à l'ambulance en début de soirée, il reçut quelques soins sommaires et put enfin se coucher sur une paillasse ; ce n'était pas un lit mais, après ce qu'il venait de vivre, il apprécia son confort à sa juste valeur. Sa blessure continuait de le faire souffrir, mais il passa une nuit aussi bonne que possible et récupéra quelque peu. Le lendemain, il fut réveillé très tôt afin d'être embarqué dans une auto ambulance qui le mena jusqu'à Brienne-le-Château, où il fut mis dans un train sanitaire pour être évacué vers un hôpital de l'arrière.

---

[5] Une ambulance était une sorte d'infirmerie de campagne avancée au plus près du front et capable d'accueillir des soldats blessés pour les premiers soins avant leur évacuation vers un hôpital militaire.

Le baptême du feu

Heureux ceux qui sont morts pour la terre charnelle,
Mais pourvu que ce fût dans une juste guerre.
Heureux ceux qui sont morts pour quatre coins de terre.
Heureux ceux qui sont morts d'une mort solennelle.
Heureux ceux qui sont morts dans les grandes batailles,
Couchés dessus le sol à la face de Dieu.
Heureux ceux qui sont morts sur un dernier haut lieu
Parmi tout l'appareil des grandes funérailles.
Heureux ceux qui sont morts pour des cités charnelles.
Car elles sont le corps de la cité de Dieu[6].

---

[6] Charles Péguy, *Heureux ceux qui sont morts pour la terre charnelle*.

Ô mon pays

L'hôpital

24 août 1914

Après un long trajet effectué en train sanitaire, Gabriel était arrivé à Vichy où il avait été installé à l'hôtel du Parc qui, réquisitionné par l'administration militaire pour devenir l'Hôpital Temporaire n°47, venait juste d'ouvrir ses portes aux blessés. Malgré les 500 hommes éprouvés et parfois très gravement mutilés qui le remplissaient, la tranquillité de l'endroit contrastait avec l'agitation infernale du front ; Gabriel essayait de profiter de ces moments de calme et de sécurité qui, il le savait, ne dureraient pas longtemps : sa blessure n'était pas assez grave pour espérer autre chose que quelques jours de repos dans ce havre de paix. Il pensa alors à ses parents, à qui il n'avait pas pu donner de nouvelles depuis presque deux semaines, aussi prit-il rapidement un papier et un crayon pour leur écrire quelques mots. En fait, il avait la tête tellement pleine des horreurs qu'il venait de traverser qu'il ne fit que les leur raconter, insistant sur ce qui l'avait le plus choqué et notamment les hommes blessés appelant père et mère ; derrière son pessimisme noir se devinait cependant les espoirs qui lui restaient : à côté des pertes importantes, il évoquait le fait que nos troupes avaient repoussé les Allemands et qu'elles occupaient la Lorraine et une partie de l'Alsace... La guerre ne serait peut-être pas aussi longue qu'il en avait le pressentiment... Après ce déballage peu réjouissant, la fin de sa lettre, où il recommandait à ses parents « de ne pas faire de mauvais sang », avait quelque chose d'un peu surréaliste.

Malgré la bonté des infirmières, le confort, les repas relativement copieux et les attentions dont il bénéficiait, il ne profitait pas vraiment de son séjour, l'esprit toujours occupé par les horreurs vécues et la peur de devoir repartir au front. Deux jours après ses parents, il décida d'écrire à sa tante, sœur Saint-Martin, qui était religieuse au couvent de Montcuq. Sœur Saint-Martin... Depuis toujours elle avait été là, rassurante et aimante, même lorsque ce n'était que par lettre, aussi se sentait-il particulièrement proche d'elle ; il se rappelait tout spécialement de ses courriers d'encouragement, à l'époque où ses parents l'avaient mis en pension à l'Institution Saint-Gabriel, à Cahors. Il n'avait jamais craint de s'ouvrir à elle, aussi les mots qu'il lui écrivit furent-ils encore plus explicites que ceux destinés à ses parents : elle qui avait toujours trouvé l'explication des bonheurs et des malheurs dans le Bon Dieu, trouverait-elle de quoi apaiser son esprit tourmenté ? Il se rappelait de ce Noël 1901 où elle lui avait longuement expliqué que sa petite sœur Angèle, morte âgée de 14 jours deux semaines plus tôt, était désormais un petit ange qui veillait sur lui et ses parents… Que lui dirait-elle de ses pauvres camarades déchiquetés par la mitraille et les obus ? En fait, au fur et à mesure qu'il écrivait sa lettre, il s'aperçut de son absurdité et résuma d'une simple phrase le fossé qui le séparait désormais de tous ces gens qui n'étaient pas passés par les épreuves du front : « vous ne pouvez pas comprendre, il faut le voir pour le croire ». Il poursuivit toutefois, car il y avait des choses qu'il voulait confier, comme ces blessés achevés par les Allemands, ou sa tristesse en pensant au chagrin qu'éprouvaient ses parents en sachant qu'il pouvait mourir à chaque instant. Il essaya malgré tout de lui glisser une gentillesse, en lui parlant de ses consœurs religieuses qui exerçaient le métier d'infirmières avec un dévouement remarquable.

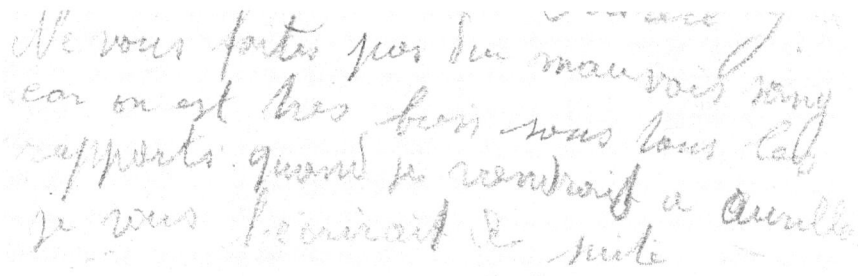

Extrait d'une lettre de Gabriel à ses parents, du 01/09/1914.
(Coll. famille Chatain)

Gabriel s'apaisa un peu durant les jours qui suivirent, mais il savait qu'il ne resterait pas longtemps à Vichy et que son retour au dépôt du régiment, à Aurillac, signifierait repartir pour le front dans les dix jours suivants, aussi essaya-t-il de faire durer. Il avait dû dissuader ses parents de venir lui rendre visite car, n'ayant pas le droit de quitter l'hôpital, leurs visites auraient obligatoirement eu lieu en son sein et il ne tenait pas à ce qu'ils voient, sa mère surtout, certains mutilés qui étaient soignés avec lui. Il ne goûtait au soleil de

L'hôpital

l'arrière-saison que par les fenêtres et la cour, mais cela lui suffisait : en fait, il était ailleurs, et lorsqu'il ne discutait pas du pays avec les quelques compatriotes lotois qu'il avait trouvés là, blessés comme lui, il rêvassait en pensant à ses collines, ses bois de chênes et ses champs traversés de murettes de pierre.

Extrait d'une lettre de Gabriel à sa tante, du 26/08/1914.
(Coll. famille Chatain)

Il avait fallu peu de temps à Gabriel pour s'habituer à la vie oisive de blessé en convalescence, uniquement rythmée par les repas, les soins et les parties de cartes ; après trois semaines à ce régime, il commençait presque à avoir l'impression que les combats qu'il avait vécus dataient d'une époque lointaine, incertaine, lorsque l'on vint lui annoncer qu'il devait rejoindre le dépôt de son régiment. Il fit son maigre bagage sans enthousiasme et se retrouva à la gare avec un autre soldat de son unité. Ils réussirent à embarquer dans un wagon de première classe et s'y installèrent confortablement avant de regarder défiler le paysage, comme des voyageurs lambda. Après avoir passé Brive, Gabriel devina que le train filait plein sud et allait entrer dans le département du Lot, le sien.... Il ne passa cependant pas la Dordogne car il fit halte à Saint-Denis-les-Martel pour la nuit. A quelle distance était-il de chez lui ? Quarante, cinquante kilomètres ? L'air sentait déjà le même parfum de début d'automne… Il avait appris par les courriers de ses parents que certains de ses camarades pontcirquois, blessés comme lui mais appartenant au 7e de Cahors ou au 9e d'Agen, avaient réussi à passer quelques heures auprès de leurs familles en regagnant leurs unités : ils avaient bien de la chance… Résigné, il s'endormit dans son confortable compartiment et attendit le départ du lendemain. Parti vers 9 heures, il arriva à Aurillac en début d'après-midi.

12 septembre 1914

Contrairement au train qui ramenait Gabriel vers son régiment, le convoi sanitaire qui transportait Louis vers un hôpital de l'arrière ne bifurqua pas vers Figeac après avoir passé Brive, mais vers Cahors. Louis n'avait pas été aussi moralement touché par les combats que son cadet : bien que ses tripes aient été remuées, il n'avait pas perdu son précieux carnet et continuait à le remplir en détaillant les étapes du voyage. Son humeur fit un sursaut positif lorsqu'il s'aperçut de la direction prise par le train. Arrivé à Souillac, ses pensées partirent vers le passé : en passant la Dordogne, il n'était déjà plus en septembre 1914, mais en septembre 1909, lorsqu'il avait rencontré Mathilde ; il pensa à la maison de ses beaux-parents qui était là, à quelques kilomètres, et où il allait parfois la voir, amoureux transi cherchant à se faire bien voir de sa famille ; il se rappela des rendez-vous réussis ou manqués à Carsac ou à Grolejac, là-bas, un peu plus loin sur la rivière. Il pensa aux lettres qui, en trois mois, étaient passées de « mademoiselle » à « ma chère Mathilde » en portant les messages d'un amour naissant dont la flamme était tempérée par une nécessaire pudeur, aux disputes insignifiantes, aux secrets…

Fajoles défila sur la droite, puis Auniac sur la gauche, et ses tempes commencèrent à chauffer lorsqu'il devina le village de Prouilhac blotti au bord de sa petite vallée, juste avant d'avoir son estomac noué en sentant le train prendre la dernière courbe, qui débouchait devant sa ferme ; elle apparut brusquement devant ses yeux et il chercha à apercevoir Mathilde, les petites ou sa mère, mais il ne put que les imaginer, là, derrière les murs de la maison ou de la grange, si proches mais hors d'atteinte. Bien qu'extrêmement déçu, il fut un peu rasséréné en voyant le convoi stopper en gare de Gourdon quelques courtes minutes plus tard ; de nombreux voisins étaient sur les quais pour diverses raisons et il réussit à en interpeller certains ; l'un d'eux, monsieur Griffeulle, partit immédiatement lui chercher du vin et du bouillon, mais il n'eut pas le temps de revenir car le train repartit rapidement. Fataliste, Louis se contenta de noter dans son carnet : « adieu mon vin ».

Carte envoyée par Louis à Mathilde au début de leur rencontre.
(Coll. famille Varlan-Courtiol)

Il fallut deux jours de plus au convoi pour enfin arriver à Luchon ; sa destination initiale était Saint-Gaudens, mais les hôpitaux de cette ville étant pleins, il fut obligé de continuer pour déverser ses blessés dans une localité capable de les accueillir dans des conditions à peu près normales. A la gare, lui et ses compagnons d'infortunes furent chargés dans des voitures et amenés à l'hôpital thermal. Le personnel de l'établissement les attendait avec impatience et se mit immédiatement à leur disposition. Avec Louis, il y avait là des représentants éclopés de toute l'infanterie française : lignards, zouaves, tirailleurs… Tous durent quitter leurs frusques couvertes de poussière et de sang pour être lavés avant de recevoir du linge de corps propre. Ils furent ensuite installés dans les chambres qui, malgré le nombre élevé des nouveaux pensionnaires, gardaient leur aspect confortable et restaient sans comparaison avec les dortoirs de la caserne.

A peine ses premiers soins reçus, Louis s'empressa de prendre un papier et un crayon afin d'écrire à Mathilde pour la rassurer sur sa situation. Elle avait dû apprendre qu'il était passé à Gourdon, aussi s'inquiétait-il un peu de ce que les voisins avaient pu lui raconter. Malgré la douleur lancinante de sa blessure, il passa ensuite une nuit paisible, la première depuis des semaines. Lorsqu'il se réveilla, il alla à la fenêtre en claudiquant avec la canne qu'on lui avait donnée pour qu'il évite de tirailler ses plaies en marchant, et huma l'air des montagnes. Oui, tout cela était réel : pas d'explosions, pas de coups de feu, pas de cris, pas de poussière, juste la tranquillité grandiose des Pyrénées par un matin de septembre. Un autre monde.

Il fallait profiter de ce répit qui ne durerait pas. Louis prit des renseignements auprès du personnel du centre thermal et envoya à Mathilde toutes les informations nécessaires pour qu'elle puisse venir le voir. Il attendit ensuite impatiemment sa réponse. La monotonie des journées, entre les soins et les interminables parties de belote où chacun racontait ses batailles, le rendait fou. Que faisait-elle ? Pourquoi ne répondait-elle pas ? Il ne lui venait pas à l'esprit qu'avec des millions de soldats mobilisés et plusieurs centaines de milliers de blessés, le trafic postal était quelque peu encombré… Le jour où le photographe vint pour immortaliser le groupe des glorieux pensionnaires, il se rangea néanmoins de bonne grâce avec ses camarades sur le grand escalier du casino : ce serait toujours un souvenir qu'il pourrait montrer à ses filles, puis plus tard à ses petits-enfants.

Louis et ses camarades blessés devant le casino de Luchon.
(Louis est marqué d'un « X », sur la partie droite. Coll. famille Varlan-Courtiol)

L'hôpital

Finalement, après une dizaine de jours qui lui semblèrent une dizaine d'années, la lettre de Mathilde arriva : elle serait au train du 27 et resterait quelques jours ; elle aurait Lucienne avec elle mais pas Henriette qui, trop petite pour le voyage, resterait à la ferme avec sa grand-mère. A la date et à l'heure dite, il était sur le quai de la gare de Luchon et regardait les wagons ralentir doucement, l'œil furetant vers les fenêtres pour essayer de distinguer les deux visages aimés. Finalement il les aperçut qui descendaient et le regardaient. Tandis que Lucienne courait vers lui, il reçut d'un coup le choc de ce qu'il venait de vivre. Le séjour au centre thermal, les soins qu'on lui avait prodigués, la montagne, tout cela lui avait fait oublier le bruit et la fureur, la mort qui lui était passée si près, cette famille adorée qu'il avait failli ne plus jamais revoir. Les côtes douloureuses, il laissa tomber sa canne et chancela en embrassant sa fille. Mathilde était là, derrière, toujours aussi droite, toujours aussi belle.

Tout passa si vite. Les repas à la petite pension de famille que Louis avait trouvée, les petites promenades dans Luchon, longues en durée mais courtes en distance à cause de sa blessure, les soins à l'hôpital, durant lesquels Mathilde et Lucienne l'attendaient sur un banc du jardin, avec d'autres familles de soldats, les étreintes étouffées, lorsque la petite s'était enfin endormie, les projets pour après... La fête n'était pas complète, car la petite Henriette n'était pas là, mais Louis était heureux. Une fin d'après-midi, un peu après 18 heures 30, il se retrouva seul sur le quai de la gare, regardant Mathilde et Lucienne qui lui faisaient signe depuis la fenêtre d'un wagon qui s'éloignait. Il les avait accueillies au même endroit, trois jours avant, ou trois heures, il ne savait plus.

1er octobre 1914

Gabriel n'avait pas goûté un long repos à Aurillac. Moins de dix jours après y être arrivé, il en était reparti en direction de la région parisienne pour rejoindre son unité. Ce court séjour dans le Cantal n'avait d'ailleurs pas très bien commencé, car à peine débarqué du train qui le ramenait de Vichy, il avait appris la mort du brave monsieur Vaysse qui, avec sa famille, l'avait accueilli durant l'époque finalement heureuse du service militaire ; il en avait été particulièrement affecté. Il avait en revanche été moins sensible aux charmes d'une certaine « belle-sœur de Rosa », qui aurait semble-t-il aimé se promener à

Ô mon pays

son bras… Elle ne lui plaisait pas et, un soir où elle était venue l'attendre à la sortie de la caserne pour lui proposer une promenade, il préféra l'éconduire avant d'aller souper avec des camarades qui, comme lui, allaient incessamment repartir pour le front…

Ils étaient 300, blessés hâtivement remis sur pieds ou réservistes récemment rappelés. Après avoir transité par le Bourget, ils finirent par rejoindre le régiment le 27 septembre, au moment même où, quelques 700 kilomètres plus au sud, Louis accueillait sa femme et sa fille en gare de Luchon. Gabriel ne reconnut pas sa compagnie tant elle avait changé : il y avait eu des dizaines de morts, de blessés et de disparus, parmi lesquels était notamment le sergent-major Bousquet, un gars du pays dont on n'entendrait plus jamais la voix forte mais si rassurante ; on racontait aussi qu'il y avait eu beaucoup de gars faits prisonniers. Cette affirmation le troubla : un prisonnier, c'était un homme à la merci des Boches, qui dans le meilleur des cas pouvait espérer être emmené dans un coin perdu de Prusse à bouffer une patate par jour, et dans le pire être crevé à la tâche dans une mine de sel… Non, tout mais ne pas être capturé…

Gabriel ne fut pas long à retrouver des sensations qu'il aurait bien voulu avoir oublié. A peine arrivé, son unité fut prise sous un tir d'artillerie et il sentit à nouveau son estomac se nouer à en hurler de douleur. Tapi dans un trou, il regardait pendant les accalmies ses camarades, ceux qui n'avaient pas eu la chance d'être comme lui légèrement blessés et qui portaient deux mois de crasse sous des uniformes dont on avait parfois du mal à imaginer la couleur d'origine.

Au bout de quelques jours à marcher, prendre des obus sur le coin de la figure, attaquer, défendre et patrouiller, il finit lui aussi par n'être plus qu'un tas de crasse, mal rasé et puant, comme tous les autres. Ses premiers combats d'août lui semblaient si lointains et, surtout, avoir duré si peu de temps : il ne s'était réellement battu que deux jours alors que, maintenant, cela en faisait une quinzaine qu'il risquait sa peau à chaque instant. Les grandes charges estivales étaient passées de mode et, désormais, on se battait d'une ligne à l'autre depuis des positions hâtivement aménagées. A l'odeur de la poudre s'était ajoutée celle de la terre remuée mais la peur, compagne pesante, n'avait pas changée. Par moment, le soir, posté dans son trou, un répit dans le combat lui laissait le loisir de s'évader un peu ; les lettres arrivaient mal et il n'avait presque aucune nouvelle du pays : c'était ce dont il souffrait le plus, aussi laissait-il son

L'hôpital

imagination vagabonder, imaginant les vendanges, le goût du vin nouveau... Il pensait aussi à ses camarades du village et des alentours, en espérant qu'ils allaient bien... Malgré l'absence de réponses, il écrivait à ses parents dès qu'il le pouvait : il ne voulait pas qu'ils s'inquiètent, alors il leur disait souvent « je suis en bonne santé et je désire beaucoup que vous en soyez de même ».

Extrait d'une lettre de Gabriel à ses parents, automne 1914.
(Coll. famille Chatain)

Ô mon pays

La boue

9 octobre 1914

Jean-Pierre avait longuement embrassé Thérésine et les enfants. La petite Irène ne comprenait pas vraiment ce qu'il se passait mais Paul, jeune adolescent, eut une drôle d'impression lorsque son père lui mit la main sur l'épaule et lui confia la famille. Depuis des semaines, ils sentaient tous que ce moment allait arriver : petit à petit, les hommes des classes les plus anciennes avaient reçu leurs ordres de mobilisation et rejoint leurs unités, laissant leurs proches désemparées ; les nouvelles du front n'étaient pas bonnes et les lettres annonçant les décès de jeunes morts là-haut, dans l'Est, ne cessaient d'arriver. Dans les villages, on avait presque pris l'habitude de voir le maire marcher d'un pas mesuré avec un air contrit et d'entendre, peu après, le long et saccadé hurlement d'une mère sortir d'une maison jusque-là paisible. On avait aussi vu la guerre rejeter ses premières épaves, des hommes aux corps broyés et mutilés qui, souvent, ne faisaient que revenir s'éteindre chez eux ; ceux qui survivaient étaient peu diserts, leurs yeux vides promenant un regard indifférent sur un monde désormais privé de promesses, si ce n'est celle de souffrir jusqu'au dernier jour. Malgré tout cela et le lourd pressentiment qui le tenaillait, Jean-Pierre essayait rationnellement de modérer son inquiétude : il allait avoir 38 ans et être incorporé dans un régiment d'Infanterie Territoriale ; pour lui, il n'y aurait pas de première ligne ni de bombardements, juste des travaux pénibles et peut-être la garde de prisonniers. Avec un peu de chance, il s'en tirerait sans trop de mal.

Il se rendit rapidement à Cahors où il se présenta au poste de garde du 7e d'Infanterie, dont la caserne servait aussi de dépôt au 131e Territorial. On le dirigea vers un bâtiment où semblait régner une grande activité, des gradés y entrant et sortant sans cesse. Il aperçut un groupe de gars en civil comme lui et continua à s'approcher d'eux jusqu'à ce qu'un gradé sorte de nulle part et l'interpelle :

-Hé vous ! Grade, nom, prénom, classe ?

-Soldat Cussat, Jean-Pierre, classe 1896, à vos ordres, caporal.

Le gars regarda ses feuillets froissés pendant un petit moment.

-Cussat… Cussat… Cussat…. Ha oui, vous voilà ! Bien… Vous allez être affecté au 207e…

Entrée de la caserne Bessières, à Cahors, pendant la guerre.

Le 207e Régiment d'Infanterie ! Jean-Pierre ne comprenait pas. Il devait partir avec les vieux et voilà qu'on l'envoyait avec les jeunes ! Il pensa être victime d'un malentendu et s'en ouvrit au sergent qui siégeait derrière un bureau, après la porte que le caporal lui avait indiquée. Non, il n'y avait pas d'erreur, il était bien affecté au 207e et… « N'avait pas intérêt à faire d'histoires à l'heure où le pays avait besoin de toutes ses forces pour repousser l'ennemi ». Il pensa que le pays en avait à priori déjà consommé une grosse partie, de ses forces, pour être obligé d'envoyer les territoriaux dans les régiments de ligne, mais il garda ses réflexions pour lui : le sergent, qui manifestait un patriotisme d'autant plus virulent qu'il n'avait pas quitté Cahors depuis le début du conflit, avait un air foncièrement idiot que son amour de l'absinthe n'arrangeait en rien.

La boue

Jean-Pierre fut affecté dans une compagnie d'instruction où il retrouva d'autres territoriaux ayant été, tout comme lui, envoyés renforcer le 207e. Bien des choses avaient changé depuis le service militaire qu'il avait effectué, ici même, de novembre 1897 à septembre 1898 mais, progressivement et à l'unisson de ses camarades, il se remit dans le bain et retrouva ses vingt ans. Marcher au pas, saluer, tirer au fusil, surtout tirer au fusil : de temps à autre, des conversations se nouaient avec les blessés qui, revenant de convalescence, étaient affectés à l'instruction de ces « vieilles » jeunes recrues. Ce qu'ils racontaient n'était pas très réjouissant mais on disséquait longuement leurs propos, le soir dans les chambrées. Les conversations se terminaient presque toujours par la même conclusion : on verrait bien ce qui allait se passer, mais si la guerre n'était pas finie lorsque l'on monterait au front, il faudrait savoir tirer juste pour sauver sa peau.

Jean-Pierre resta trois semaines à réapprendre le métier de soldat. Thérésine faisait parfois les vingt kilomètres pour venir le voir le soir, après le service ; d'autre fois, c'était lui qui faisait le trajet jusqu'à Pontcirq lorsqu'il avait un quartier libre. En fait, cette liberté lui pesait, car il se savait en sursis : soit le conflit se terminait vite, soit il se prolongeait, ce qui semblait maintenant plus probable, et dans ce cas les adieux à sa famille lui paraissaient interminables. Il ne faisait déjà plus partie du quotidien de sa femme et de ses enfants : parfois, lorsqu'il venait à la veillée, il leur posait des questions sur les derniers événements du village à la façon d'un presque étranger. Le temps était en suspens : pour lui, pour eux, l'important était ce qui se passerait une fois qu'il serait parti, puis revenu de « là-haut ».

Le grand jour arriva à la fin du mois d'octobre. Jean-Pierre monta dans un train en gare de Cahors avec 142 autres soldats et gradés ; il n'y avait plus foule, comme aux premiers jours de la guerre, et les quais avaient été rendus à leurs paisibles activités habituelles. Quelques heures plus tard, ils arrivèrent à la gare d'Austerlitz et, après avoir débarqué, se rangèrent en ordre avant de partir, colonne par un, en direction de la gare de l'Est où un autre train les attendait. Ils se mirent à marcher, vite ; Jean-Pierre trébucha à plusieurs reprises sur le trajet : absorbé par l'observation de la Seine, puis des grands immeubles parisiens, il regardait à peine là où il mettait les pieds.

La cohue commença dès l'esplanade, juste devant le hall des départs : des masses de soldats de toutes les armes se croisaient dans tous les sens avant de s'engouffrer vers les quais, comme autant de balles de golf flirtant longtemps avec le trou avant de finalement tomber, attirées par la gravité. Les caporaux, les adjudants, les capitaines, les colonels, tous semblaient avoir oublié la langue des hommes pour ne plus s'exprimer que par des hurlements où l'autoritaire le disputait parfois à l'hystérique ; les soldats suivaient les mouvements, brutalement, sans égard les uns pour les autres, se bousculant sans ménagement d'une unité à l'autre, allant résolument de l'avant sans savoir ce qui les attendait réellement et sans s'en soucier plus que de mesure ; il fallait arrêter les Boches, point. La gare de l'Est concentrait toute l'angoisse d'une armée en passe d'être submergée.

La locomotive commença à avancer lentement, en haletant des nuages de fumée et de vapeur. Assis dans son wagon, Jean-Pierre était mal à l'aise, encore retourné par l'ambiance électrique de la gare qui peinait à s'évanouir. Ses camarades étaient comme lui et il fallut que de longues minutes s'écoulent avant que les conversations reprennent.

En même temps que le train ralentissait, les cris des gradés annoncèrent que l'on arrivait à destination. Aussitôt débarqués, les 143 hommes du renfort se mirent en route sous la pluie. Au fur et à mesure qu'il avançait, Jean-Pierre se sentait entrer dans un autre monde : au loin, on entendait les canons qui donnaient et des coups de fusils rageurs, tandis que l'on croisait des hommes dépenaillés et des blessés légers qui descendaient du front ; les bords de la route étaient couverts de matériel et il fallait régulièrement s'écarter pour laisser passer des convois d'artillerie, des escadrons de cavalerie et des automobiles dont les roues faisaient jaillir de larges éclaboussures de boue. Après quelques kilomètres, les hommes qui hier encore étaient vêtus de neuf avaient perdu leur fière allure : les vestes et les képis de couleur bleu foncé, trempés et déformés, avaient pris une teinte noirâtre tandis que les brodequins et les pantalons rouges ne formaient plus qu'une gangue de boue remontant jusqu'au genou.

Un cri…. « Couchez-vous » !... Jean-Pierre plongea dans une mare de boue et fut ébranlé par la déflagration du 105 qui venait d'exploser à une vingtaine de mètres de lui. Les gradés firent activer le mouvement : il fallait rapidement rejoindre les positions. Les hommes se lancèrent alors dans une course folle entrecoupée de brusques plaquages au sol pour éviter les éclats brûlants qui sifflaient avec violence après chaque détonation. Ils se jetèrent finalement derrière un talus, non loin du poste de commandement régimentaire. Après quelques dizaines de minutes, des caporaux revinrent et appelèrent les hommes un par un.

La boue

-Cussat !
-Présent !
-22ᵉ compagnie !

Jean-Pierre rejoignit le caporal. Avec quelques camarades, ils le suivirent jusqu'aux emplacements de son unité, à côté du village des Hurlus, sombre amas de ruines fumantes qui avait autrefois été un paisible village champenois. Arrivé dans son escouade, son nouveau sergent lui expliqua qu'on tenait les lignes face aux Boches qui, pour l'instant, ne manifestaient pas une grande agressivité : de temps à autre, ils envoyaient une salve de 77 sur les positions ou déclenchaient des fusillades de façon impromptue, c'était tout. Mais, malgré la bonhomie apparente du sous-officier, Jean-Pierre comprit qu'il était déterminé, car il termina sa courte présentation par « à la 22ᵉ, on ne recule plus… ».

A part quelques vieux arrivés avec lui ou deux jours après, Jean-Pierre avait pour camarades des gars qui, bien que plus jeunes, avaient fait la campagne depuis le début. Malgré son aînesse, il se sentait inférieur, mais ce sentiment disparut au bout de quelques jours, une fois qu'il eut l'impression d'avoir toujours vécu avec eux dans ce monde terrible et irréel. Les troupes ne se déplaçaient plus et gardaient les mêmes positions, les attaques ayant lieu de part et d'autres ne parvenant pas à modifier la ligne du front de manière conséquente ; on s'était donc mis à creuser pour se protéger des obus et des balles, et les hommes s'habituaient maintenant à vivre dans des abris souterrains, à circuler dans des boyaux terreux et à se battre depuis des tranchées creusées à la hâte.

Jean-Pierre fit ses 38 ans le 5 novembre, dans le froid et l'humidité d'une tranchée de première ligne. Ce fut un jour comme un autre, ponctué d'explosions et de coups de fusils tirés sans même viser, comme pour se rassurer. Dieu merci, sa compagnie n'avait pas encore été désignée pour attaquer ou monter un coup de main et sa guerre se résumait à de stériles échanges de métal. C'était certes suffisant pour avoir la peur au ventre, mais ce qui le tourmentait le plus, c'était le temps : lorsqu'il ne pleuvait pas, il gelait ou il neigeait et le fond des tranchées n'était plus qu'un cloaque froid, gluant et puant, les hommes ayant depuis longtemps pris l'habitude de faire leurs besoins à leurs postes de combat ; ils préféraient faire ainsi plutôt que de prendre le risque de les quitter pour aller aux feuillées, qui d'ailleurs n'avaient été creusées que pour les tout premiers emplacements.

L'église des Hurlus juste après la guerre.

Le soir, pendant les moments calmes ou lorsque sa compagnie était de repos, un peu à l'arrière, Jean-Pierre écrivait à sa femme et à ses enfants. Il s'employait à rassurer Thérésine qui s'inquiétait pour lui. Les deux pieds baignant dans la boue, il lui écrivait qu'il « était mieux que jamais », qu'il « ne se chagrinait pas autant qu'elle » et que le « temps s'écoulait sans qu'on s'en aperçoive » ; la seule chose sur laquelle il ne mentait pas, c'était lorsqu'il lui parlait de l'entraide qui régnait au sein de son escouade, et du besoin qu'il avait qu'on lui envoie des colis avec du tabac, du chocolat et autres douceurs, des vêtements chauds ainsi que des ustensiles divers, comme un briquet par exemple. Les lettres arrivaient encore irrégulièrement et il restait frustré des nouvelles du pays qui seules lui permettaient de s'évader un peu de cet égout crasseux : son instituteur ayant été mobilisé, Paul n'avait plus classe et il aurait aimé savoir s'il avait trouvé quelque chose d'utile pour occuper son temps ; et Irène ? Apprenait-elle correctement maintenant qu'elle venait de rentrer à l'école ? Aussi et surtout, le manque le rapprochait de Thérésine : dans ses courriers, il se surprenait à employer, bien que timidement, un vocabulaire qui le ramenait bien des années en arrière, à l'époque de leur rencontre.

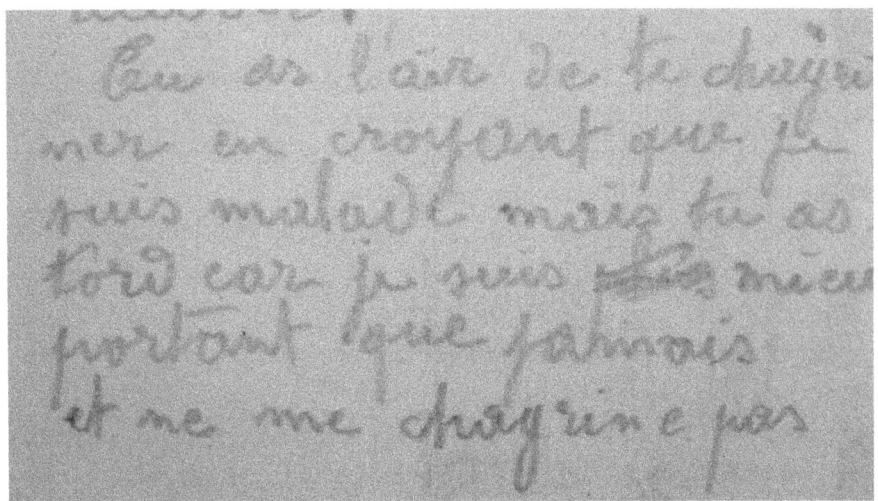

Extrait d'une lettre de Jean-Pierre à Thérésine, du 22/11/1914.
(Coll. Jean-Pierre Raynal)

Sa femme lui répondait sur le même ton, l'appelant par son prénom d'usage, Jules ; elle essayait de satisfaire sa curiosité et en lui montrait qu'elle tenait la ferme consciencieusement. Elle pouvait pour cela compter sur Paul : lui, qui n'avait jusque présent pas montré de goût pour le travail dans le milieu scolaire, se révélait dans les difficultés un garçon vaillant et dur à la tâche ; il grandissait à vue d'œil et serait bientôt aussi grand que son père. La petite Irène allait toujours à l'école, mais sans y faire trop de progrès. Elle lui donnait aussi des nouvelles des voisins et des hommes de la famille mobilisés, puis lui parlait un peu aussi des réfugiés belges qui étaient logés à l'école et que chaque ferme devait nourrir à tour de rôle.

Les aléas du service postal, encore complètement dépassé par la tâche à accomplir, provoquèrent des petits quiproquos entre ces deux époux dont l'amour rajeunissait chaque jour. Le 19 décembre Thérésine, qui n'avait pas reçu de courrier de son mari depuis le 9, contrairement à plusieurs amis et parents, prit sa plume et lui écrivit une lettre où elle lui reprochait, un peu amère, de l'avoir oubliée, mais, lorsqu'elle l'eut postée, le facteur passa et lui donna une missive lui prouvant que son mari, là haut, pensait à elle. Elle se dépêcha alors de remplir une petite page pour corriger un peu l'impression négative de la première lettre, parlant à son mari des confits d'oie qu'elle allait lui envoyer mais qu'elle aurait préféré manger avec lui, ainsi que des autres bonnes choses qui seraient dans le prochain colis ; lui donnant des nouvelles du pays, elle laissa transparaître son dégoût pour les planqués qui avaient su manœuvrer pour trouver une place bien tranquille, loin du front.

Jean-Pierre ne reçut ces deux témoignages d'amour de sa femme que bien plus tard : le lendemain, il sortit pour la première fois des tranchées, ces solides protections nauséabondes, pour participer à l'attaque menée par son régiment. Après une préparation d'artillerie limitée à quatre salves de 75, les compagnies sortirent et s'élancèrent en avant, sous le feu des Allemands dont les défenses avaient à peine été abîmées par les obus français. Jean-Pierre avait attendu l'assaut, hypnotisé par la paroi humide de la tranchée et l'échelle branlante qui allait le mener là-haut, vers l'inconnu ; dans son esprit, la peur le disputait à l'excitation, exacerbée par l'effet de groupe. Lorsque le sifflet du lieutenant retentit, il monta les barreaux en hurlant à l'unisson des autres et s'élança dans une course folle, baïonnette pointée en avant... Quelques secondes plus tard, le cœur battant à faire exploser sa gorge, il était tapi dans un trou neigeux ; autour de lui, il entendait les blessés hurler et les balles frapper les chairs avec des bruits sourds.

Recroquevillé sur lui-même, il ne sentait plus le froid et oublia tout lorsque l'artillerie ennemie se mit à son tour à gronder... Il resta là toute la journée, les muscles contractés, les poings serrés devant son visage, la vessie prête à éclater, l'estomac soulevé à chaque déflagration, la tête prise dans une enclume... Il ne pensait plus, complètement abruti, et ne s'aperçut même pas que le feu ennemi ralentissait avec la nuit qui tombait. Des cris parvinrent alors de très loin à son cerveau embrumé, et lui enjoignirent de se replier et de rejoindre sa section ; couvert de neige, titubant dans un état second, le corps brisé par des heures de tension, il finit par s'écrouler comme une loque au fond de la tranchée. Il était, en quelque sorte, indemne et pouvait s'estimer heureux : cette attaque bâclée avait coûté 82 morts, 30 disparus et 231 blessés à son régiment.

Pas de répit pour les braves. La 22e compagnie resta en ligne et continua à tenir ses positions jusqu'à ce que, deux jours plus tard, elle attire un nouveau déluge d'obus allemands en changeant d'emplacement. Les hommes ne séchaient plus et, trempés jusqu'aux os, pataugeaient désormais sans répit dans leurs bourbiers, car les attaques et les bombardements des derniers jours avaient largement dégradé l'état des tranchées. Comme ses camarades, Jean-

La boue

Pierre ne s'était pas lavé depuis des semaines et la crasse multipliait les effets du froid : les cheveux gras et puants, la transpiration collante et ruisselante sous les aisselles et l'entrejambe attiraient les poux par centaines, ce qui provoquait des grattements compulsifs et, finalement, des plaies superficielles mais purulentes. C'était l'époque des fêtes de fin d'année, mais qui s'en souciait ? A l'arrière, on devait faire le réveillon, mais ici… De temps à autre, un camarade fort en gueule faisait un trait d'humour désabusé : « hé, Joyeux Noël les gars, on va bientôt voir Jésus ! », ou « bonne année 1915 citoyens, en espérant qu'elle soit moins tarte que 1914, ce sera pas difficile ! ».

Jean-Pierre était exténué car à la fatigue physique et morale s'ajoutait le manque de sommeil que les courtes périodes de repos ne suffisaient plus à compenser. Son corps maltraité renâclait à l'effort et la nuit, souvent, il s'endormait par à-coups de quelques secondes qui lui semblaient des heures. Il fumait et fumait encore, épuisant les réserves de tabac envoyées par Thérésine. Il fallait régulièrement bouger les jambes, qui baignaient jusqu'à mi-mollet, afin d'empêcher la glace de se former autour. La nuit se colorait de fusées rouges et vertes, d'explosions éparses et de quelques coups de feu. Jean-Pierre veillait au créneau en pensant à son foyer, à sa famille, à l'âtre de la cheminée de sa maison qui dégageait en ce moment même une douce chaleur… La fatigue, finalement, gagna la partie et, après un somme qui ne paraissait pas avoir duré plus que les autres, il s'aperçut qu'il avait été immobile trop longtemps : en cherchant à bouger ses jambes, il brisa la pellicule de glace qui s'était formée autour ; il ne sentait plus ses pieds et le bas de ses mollets, tandis que ses doigts ne répondaient plus. Il comprit de suite qu'ils étaient gelés et fit quelques mètres pour en rendre compte à son caporal, qui partit en informer le sergent ou le lieutenant ; lorsqu'il revint, il lui ordonna d'aller au poste de secours.

Jean-Pierre parcourut seul les boyaux qui menaient à l'arrière des premières lignes. Il n'était plus que l'ombre de lui-même et marchait comme un vieillard. Au poste, l'infirmier qui lui enleva les brodequins ne tiqua même pas en respirant l'odeur de pourriture qui émanait de ses pieds : il avait l'habitude et lui-même n'avait pas vu un bain depuis bien longtemps. Jean-Pierre, lui, avait honte en les regardant. L'infirmier appela un médecin qui vint rapidement l'examiner et prononça immédiatement son diagnostic : « tu as les pieds sacrément gelés et les doigts, c'est pas mieux, je te fais évacuer ». Lorsqu'il se fut éloigné, l'infirmier lui souffla « ben mon gars, ça c'est une bonne blessure ! ».

Ô mon pays

Dans le train sanitaire qui l'amenait vers Paris, Jean-Pierre souffrait le martyre, la chaleur du wagon redonnant leur sensibilité aux doigts et aux pieds gelés. L'alcool qu'on lui donnait le soulageait momentanément, mais son esprit embrumé restait tourmenté : comment allait-il vivre et travailler maintenant ? Comment allait-il nourrir sa famille ?

Arrivé à la gare de l'Est, il fut transporté jusqu'à celle de Lyon avant d'être embarqué dans un train en partance vers le Sud. Abruti par la gnôle, il s'endormit assez rapidement et ne se réveilla que lorsque le convoi entra en gare de Perrache, à Lyon.

2 janvier 1915

Louis allait fêter le nouvel an avec un jour de retard, car on ne lui avait accordé que 24 heures de permission pour le 2 janvier. Peu importait : il mesurait sa chance de partager ce moment avec sa famille alors qu'il voyait ses camarades, leurs blessures guéries, repartir pour le front les uns après les autres ; lui, le médecin lui avait dit que ses plaies seraient longues à totalement guérir, et il espérait bien que la guerre serait finie d'ici là.

Louis et ses camarades blessés, début octobre 1914 à Luchon.
(Louis est au 2ᵉ rang sur la droite, avec sa canne sur l'épaule. Coll. famille Varlan-Courtiol)

La boue

Il avait quitté Luchon le 21 novembre et était venu terminer sa convalescence au dépôt du régiment, à Cahors. Il avait gardé un bon souvenir de l'établissement thermal et avait rapidement donné quelques nouvelles au médecin qui l'avait soigné ; celui-ci lui avait répondu fort aimablement, en lui souhaitant « d'être à la victoire définitive pour venger tous ses camarades et la France ».

Il avait ensuite pu bénéficier de deux permissions de plusieurs jours qu'il avait naturellement passées à la Vergne Grande, la première du 21 au 24 novembre et la seconde du 12 au 20 décembre, durant laquelle il avait pu fêter les quatre ans de Lucienne avec un peu de retard. Comme il n'était qu'à quarante kilomètres de chez lui et que la ligne de chemin de fer y menait directement, il s'y était aussi rendu le 29 novembre ainsi que le 27 décembre pour fêter Noël avec Mathilde, les petites et sa mère.

Son arrivée à Gourdon était alors presque devenu un rituel : après avoir débarqué du train et quitté la gare, il marchait en cherchant du regard si une connaissance ne passait pas par là avec une charrette pour l'emmener jusque chez lui : sa blessure était pratiquement guérie mais les chairs le tiraient encore un peu lorsqu'il marchait, aussi essayait-il toujours de s'économiser. A pied ou en carriole, son arrivée à la Vergne Grande était éventée par le chien qui se mettait à aboyer et, peu après, il pouvait apercevoir sa mère, un chiffon à la main, et sa femme qui se détachaient dans l'encadrement de la porte d'entrée ; comme d'habitude, il avançait vers elles en souriant tandis que les petites surgissaient en piaillant d'on ne savait où. De la cuisine émanait l'odeur de soupe qui avait bercé son enfance, mais aussi celle des repas de fête, avec des confits et des pommes de terre aux cèpes.

Le repas du Nouvel An fut jovial, juste ce qu'il faut, car tous prirent garde de ne pas évoquer le futur. Loin de se terminer, le conflit durait et Louis marchait maintenant presque normalement : son retour au front ne tarderait pas. Aussi tous pensèrent, au moment de l'embrasser en lui souhaitant la bonne année, à leur souhait le plus profond : que cette satanée guerre finisse et qu'il revienne enfin, définitivement cette fois.

Mathilde vint lui rendre visite à Cahors cinq jours plus tard, et ils purent passer quelques heures ensemble à la fin de son service. Celui-ci n'était pas bien éprouvant, consistant à faire l'inventaire des matériels qui arrivaient, entretenir les installations et, surtout, à prolonger tard dans la nuit d'interminables parties de belote. Le seul changement qui était survenu durant son séjour cadurcien était son changement d'unité : du 207e, il était passé au régiment frère, le 7e, qui partageait le même dépôt, mais cela n'avait pas révolutionné son rythme de travail. Il vécut encore une dizaine de jours ainsi, puis le capitaine de la compagnie du dépôt annonça le départ pour le front.

Louis s'empressa alors de solliciter une permission de deux jours, qu'on lui accorda sans rechigner : c'était un bon soldat. Il passa ainsi les 24 et 25 janvier à la maison, essayant de se montrer insouciant pour ne pas effrayer les femmes, et surtout les petites. Peut-être ne les reverrait-il jamais ? Il leur affirma qu'il avait surtout peur d'être blessé à nouveau, et développa sur les séquelles futures de sa blessure, sur la douleur qu'il avait ressentit lors de la première… Parler de tout, mais ne surtout pas évoquer la mort…

Lorsque le train commença à s'ébranler, au soir du 27 janvier, il avait encore en tête la dernière nuit passée avec Mathilde, la dernière étreinte du condamné qu'il était. Il retournait au front résigné, avec les regrets de ce qu'il n'avait pas dit ou pas fait lors de ces deux derniers jours de répit, mais déterminé. Son devoir l'appelait là-haut, il fallait y aller, comme les autres. Après la traditionnelle escale à Paris, le renfort auquel il appartenait débarqua à Suippes, non loin des Hurlus où Jean-Pierre avait eut les membres gelés il y avait un peu moins de trois semaines, et où son ancien régiment, le 207e, était toujours en ligne. Il fut ensuite dirigé vers sa compagnie, la 1e, qui tenait ses positions à Sommes-Suippes.

Un vent gelé balayait la plaine champenoise couturée de tranchées et de boyaux ; ils émergeaient d'un manteau de neige sale avec, ici et là, des trous d'obus ressemblant à de vilaines verrues. Partout, des caisses éventrées et du matériel divers jonchaient le sol tandis que des lignes de fil de fer barbelé avaient poussé de tous les côtés. Louis, qui en était resté aux grands champs de bataille de l'été, fut complètement perdu lorsqu'il commença à circuler dans ces couloirs aux parois de terre et au sol de fange. Le caporal qui l'accueillit était d'une saleté repoussante et avait moins d'allure qu'un clochard parisien, mais il essaya de le mettre en confiance tout en lui présentant les autres membres de l'escouade, pas plus présentables que lui : « ha t'as été blessé en août ? T'inquiète pas, ici on perd moins de monde, le seul problème, c'est qu'on vit là dedans », et il ponctua sa phrase d'un mouvement de bras désignant la tranchée ; « on va au repos de temps en temps, jamais bien longtemps ni jamais bien loin, mais ça permet de se décrasser un peu », continua-t-il en se grattant les parties.

La boue

Avec les quelques jours de campagne qu'il avait effectués avant d'être blessé, Louis se sentait un peu à part des autres gars de son escouade, qui combattaient dans cet enfer boueux depuis des semaines, mais il ne fut pas long à se sentir leur égal, tant en apparence qu'en expérience : le front se chargeait de transformer en quelques jours à peine n'importe quel homme en forme et bien mis en épouvantail boueux, sale et fatigué, tout comme il donnait chaque jour l'occasion de braver les salves d'infanterie et les tirs d'artillerie.

Dès son arrivée, il participa aux violentes attaques menées par son régiment pour s'emparer du « Bois Rectangulaire », à côté de Perthes-lès-Hurlus, où les Allemands étaient solidement retranchés. Elles furent précédées d'une phase de préparation durant laquelle il s'initia au maniement de la pelle, car il fallait creuser des boyaux pour progresser en sûreté au plus près des lignes ennemies ; éreinté, couvert de boue froide mais en sueur après l'effort, il attendit longtemps le signal de l'assaut, aussi, quand celui-ci arriva enfin, il était transi de froid, ne sentait plus ses pieds qui baignaient dans la boue, avait les doigts gourds et le nez presque gelé. Suivant l'élan de ses camarades, il passa le parapet et fonça vers les Boches, mais il courut gauchement, encore ankylosé par la position immobile qu'il avait tenu trop longtemps, et finit par plonger dans un trou d'obus ; recroquevillé sur lui-même, il était à nouveau en sueur, la peur presque panique et la courte course qu'il venait de faire ayant fait monter sa température d'un coup, mais le froid et la pluie refirent rapidement leur œuvre : malgré les tonnes d'explosifs qui déflagraient autour de lui en étalant des langues de souffle brûlant, il ne fallut que quelques dizaines de minutes pour qu'il soit aussi gelé qu'auparavant, l'humidité de la sueur refroidie en plus. Il en fut ainsi durant deux jours, les assauts succédant aux assauts sans obtenir le moindre succès : les Allemands tenaient bon.

L'artillerie prit le relais et, depuis sa tranchée, Louis put voir les dizaines de tonnes d'obus que les canons de 75 firent tomber sur le « Bois Rectangulaire » durant plus d'une semaine pour préparer la prochaine attaque : le jour, ils déclenchaient des geysers marrons ou noirs suivant la profondeur à laquelle ils tapaient et qui, parfois, se coloraient par endroits de rouge lorsqu'ils pulvérisaient un soldat ; la nuit, les éclairs des éclatements auraient fait pâlir de jalousie n'importe quel feu d'artifice du 14 juillet ; ils étaient accompagnés de fusées vertes et rouges qui montaient bien droit vers les étoiles : parfois, on y voyait comme en pleine journée.

Ô mon pays

Les Allemands, bien sûr, ne se laissaient pas faire gentiment, et leur artillerie répondait avec hargne et violence à la nôtre, tandis que leur infanterie mitraillait nos tranchées à la moindre occasion. C'est durant ces jours difficiles que la compagnie changea de chef, ce qui ne perturba pas Louis outre mesure étant donné qu'il avait à peine connu le précédent, tué le 2 février alors qu'il menait l'unité à l'assaut. Le nouveau venu, le sous-lieutenant Brunies, montra dès le premier jour qu'il n'était pas de la trempe de ceux qui se défilent : le chef d'une autre compagnie, capitaine d'active en quête de gloire et d'avancement, venait de quitter les premières lignes et, sans égard pour ses hommes, demanda immédiatement à y retourner, à l'emplacement de celle de Louis ; le nouveau commandant de celle-ci refusa de céder à cet accès de gloriole et ne laissa pas sa place.

Attaque française en 1915.

Après la préparation d'artillerie, les attaques reprirent et se succédèrent sans répit jusqu'au 19 février, mais les résultats furent décevants car seule une partie du bois fut prise. Le lendemain, au grand soulagement des survivants, les opérations de relève commencèrent et le régiment alla stationner à la ferme du Piémont, en arrière des lignes. Durant ces quelques jours, Louis put se décrasser un peu, mais les conditions de bivouac étaient si sommaires qu'il ne

La boue

récupéra pas totalement : s'il n'était plus sous le feu constant de l'ennemi, il devait toujours vivre dans le froid et sous la pluie.

Dès le 4 mars, le régiment quitta le repos et se rapprocha des premières lignes afin de participer à une nouvelle attaque contre un ouvrage ennemi qui, nommé Tranchée SK, était couvert de mitrailleuses et protégé par de bons réseaux de barbelés. Le lendemain à partir de minuit, les unités prirent leurs dispositions pour l'assaut. La compagnie de Louis, en réserve, ne participa pas au début du combat, qui commença à 6 heures 30 par un froid glacial, mais lorsqu'elle fut envoyée en avant, dans l'après-midi, elle fut immédiatement clouée au sol par le feu des mitrailleuses allemandes ; une nouvelle fois, Louis passa des heures terrorisé et terré dans la boue et la neige froides, faisant parfois feu avec son Lebel mais sans vraiment viser ; ce n'est qu'après 18 heures, une fois la nuit tombée, qu'il put reprendre sa progression et enfin atteindre la tranchée où sa compagnie devait s'installer. L'enfer se poursuivit les deux jours suivants, le régiment lançant à nouveau attaque sur attaque, mais toujours sans aucun succès : les préparations d'artillerie, qui ne duraient que deux minutes, étaient largement insuffisantes pour affaiblir l'ennemi de façon significative.

La relève eut lieu durant la nuit du 7 au 8 mars et le régiment alla au repos à Bussy-le-Château. Le 10, Louis et ses camarades purent bénéficier d'une mesure de luxe, car leur compagnie put aller à Suippes afin qu'ils y prennent une douche, mais ce plaisir se paya : le lendemain, ils remontèrent à nouveau en première ligne du côté de Perthes-les-Hurlus, en vue de participer à une prochaine attaque d'envergure.

Comme d'habitude, il fallut creuser des tranchées d'approche pour faciliter l'assaut et les travaux commencèrent le 12 à nuit tombée. Louis prit donc une pelle et, tout en pataugeant dans la fange, se mit à creuser dans la craie champenoise ; la pluie qui tombait à verse rendait le travail particulièrement difficile : les uniformes trempés pesaient lourd, l'eau ruisselait de tous les côtés et les Allemands, qui les avaient repérés, leur tiraient dessus à l'artillerie. Gare à celui qui, creusant, émergeait de la tranchée en se relevant pour détendre un peu ses muscles : les éclats brûlants, coupants comme des rasoirs, filaient par centaines au raz du sol en sifflant. Sous sa gangue de terre, Louis était en sueur et, l'esprit absent, creusait sans se poser de question. Une explosion et un éclair plus proches que les autres le firent sortir de sa léthargie active et, aussitôt, une douleur fulgurante lui traversa le bras gauche ; il porta sa main droite là d'où semblait venir le mal et sentit immédiatement le sang qui poissait sa manche.

Prévenu, le sergent arriva, pataugeant et pestant contre la boue, et lui ordonna de se rendre au poste de secours régimentaire. Il partit immédiatement et y arriva quelques dizaines de minutes plus tard ; là, les infirmiers lui firent un pansement sommaire et le dirigèrent vers l'ambulance de Sommes-Suippes avec d'autres camarades blessés ; il y avait moins de 8 kilomètres à faire, mais affaiblis par leurs blessures et ayant du mal à s'orienter dans le dédale des boyaux inondés, ils mirent toute la nuit pour arriver à destination, complètement fourbus, crottés des pieds à la tête avec, par endroit, une croûte mêlée de craie et de sang séché.

A partir de là, pour Louis, les événements eurent un goût de déjà-vu : le triage des blessés, l'embarquement dans le train sanitaire... Bien qu'elle le faisait durement souffrir, il s'était rapidement aperçu que cette blessure ne lui laisserait probablement que peu de séquelles, aussi préférait-il penser au répit qu'elle allait lui donner. Après l'hôpital, il allait certainement bénéficier d'une convalescence et il pourrait aller voir sa famille quand il serait au dépôt, à Cahors ; peut-être même que Mathilde pourrait venir avant pour lui rendre visite comme elle l'avait fait à Luchon. Mathilde... Dans la chaleur du train et le brouillard des analgésiques, il voyait son visage régulier se dessiner sur la vitre du compartiment... Après une nuit et une journée d'attente, qu'il passa dans son wagon en gare de Vitry-le-François, il s'endormit alors que le convoi s'ébranlait et ne se réveilla que le lendemain, lorsqu'il rentra en gare de Lyon ; il eut alors un sourire intérieur : chaque tour de roue qui le menait vers le Sud le rapprochait de chez lui... Bientôt, il le savait, il serait près des siens, embrasserait sa mère et ses filles avant d'enfin prendre Mathilde dans ses bras.

13 mars 1915

Gabriel était maintenant un vieux soldat : il avait plus de six mois de guerre derrière lui, dont la plus grande partie passée en première ligne, avec une blessure à son actif. Il connaissait maintenant toute la gamme des sifflements des gros projectiles allemands, des *minenwerferen* au 105 en passant par les 77, et savait, lorsqu'il les entendait, s'il fallait se plaquer au sol ou pas ; à défaut de s'y être habitué, il maîtrisait un peu l'angoisse qui l'étreignait lors des attaques, lorsqu'il fallait franchir le parapet de la tranchée pour s'élancer vers les mitrailleuses boches ; lors des assauts, il avait appris à repérer les « bons » trous, ceux qui le dissimulaient totalement aux vues de l'ennemi, et à progresser au creux des anfractuosités du terrain sans laisser dépasser la moindre partie de son corps.

Jeune et intelligent, il avait rapidement perçu qu'avec l'hécatombe qui frappait les gradés les galons devenaient plus faciles à prendre qu'auparavant, mais il s'était bien abstenu de se faire remarquer et proposer pour un avancement : il y avait suffisamment à faire pour sauver sa peau sans, en plus, se chercher du travail et des responsabilités supplémentaires ; au diable leurs grades, que tout cela finisse, et bien encore ! Il respectait la hiérarchie et souhaitait la victoire, mais il en avait assez du froid, de la crasse et de la boue ; surtout, il n'en pouvait plus d'avoir peur, chaque jour : peur de sortir de la tranchée pour l'assaut, peur de l'attaque ennemie, peur du bombardement, peur de l'écroulement de la sape puante dans laquelle il dormait, 3 mètres sous terre… En bref, la peur d'aujourd'hui et du lendemain.

Extrait d'une lettre rassurante envoyée par Gabriel à ses parents, le 8/11/1914.
(Coll. famille Chatain)

Malgré les déplacements qu'avait effectués son régiment, les derniers mois avaient été d'une monotone dangerosité. Un peu avant la mi-novembre, il avait quitté le secteur de Thiescourt, dans l'Oise, où Gabriel l'avait rejoint après sa convalescence et où il avait fait connaissance avec les premières tranchées, pour se rendre en Belgique, vers Ypres, où il avait relevé la 6e brigade anglaise. L'escouade de Gabriel s'était retrouvée dispersée dans quelques trous sommairement creusés et sans communication possible avec l'arrière car les soldats de Sa Majesté n'avaient pu organiser la ligne de front : les Allemands étaient particulièrement actifs dans ce secteur et, lorsqu'ils ne faisaient pas tomber des pluies d'obus sur les positions, il tiraient au fusil sur tout ce qui bougeait, rendant l'exécution des travaux extrêmement risquée et difficile ; à cela il avait fallu ajouter une pluie continuelle et un froid particulièrement vif. Ainsi, si en une dizaine de jours le régiment avait réussit à transformer les trous sommaires en tranchées organisées et reliées entre elles, cela avait été au prix de très nombreuses pertes, y compris les hommes évacués pour cause de pieds gelés. Pour Gabriel, et certainement beaucoup d'autres de ses camarades, s'était ajouté à cela d'autres désagréments : lorsqu'ils avaient quitté les lignes et rejoint l'arrière, ils avaient eu beaucoup de mal à se faire comprendre des habitants du pays, qui non seulement parlaient très mal le français, mais qui en plus profitaient de la situation pour vendre le vin et les autres denrées à des prix prohibitifs.

Après avoir quitté la Belgique, le 139e était allé au repos dans l'Oise, près de Compiègne, soit à une trentaine de kilomètres du front. Durant plus de 15 jours, les hommes avaient eut un temps de répit bien mérité, car, si ce n'est quelques dizaines de minutes d'exercice le matin, on leur avait « foutu » une paix royale.

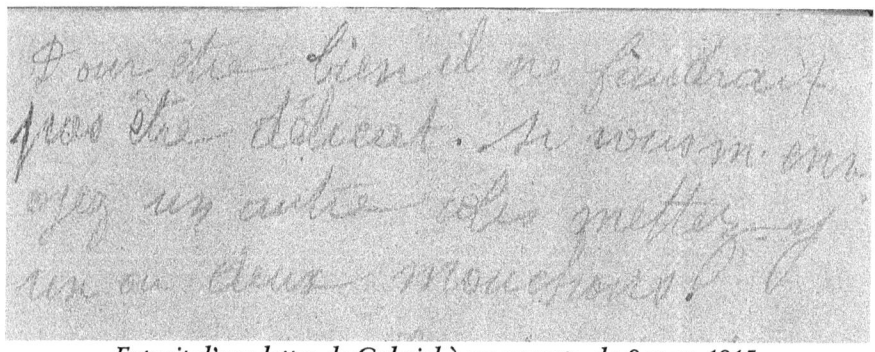

Extrait d'une lettre de Gabriel à ses parents, du 8 mars 1915.
(Coll. famille Chatain)

Le hasard des affectations avait mis un nommé Albert Cournac dans la même section que Gabriel ; un peu plus âgé que lui, c'était un gars plutôt petit dont les yeux rieurs émergeaient au-dessus de la large moustache qui lui barrait le visage ; il était de Thédirac, un village situé à 6 kilomètres de Tourniac et, forts de cette origine géographique commune, les deux hommes étaient devenus des amis inséparables ; ils partageaient ensemble les nombreuses peines et les rares joies de leur vie de soldats et, parmi celles-ci, le contenu des colis envoyés par les parents. Pour Gabriel, la seule ombre au tableau de ces jours

La boue

tranquilles avait été d'une part la nourriture car, il le reconnaissait lui-même, il était « un peu trop délicat » pour manger la même tambouille tous les jours et, d'autre part, la peur d'attraper des poux, comme la plupart de ses camarades. Enfin, le départ pour le front, au matin du 24 décembre, l'avait rendu amer : il avait cru jusqu'au bout aux bobards racontant que son unité allait passer Noël sur place et s'était fait une joie de pouvoir assister à la messe de minuit ; élevé dans la religion catholique, il était croyant et respectait les fêtes traditionnelles ; à la Toussaint précédente par exemple, alors qu'il était au repos, il avait été avec quelques camarades décorer les tombes des tués du régiment et avait été particulièrement heureux de voir que tous les officiers disponibles étaient venus assister à la messe.

Le régiment était allé prendre les tranchées dans la Somme, du côté d'Armancourt. En fait de tranchées, Gabriel et ses camarades avaient trouvé quelques abris sommaires reliés à l'arrière par de mauvais boyaux. Comme en Belgique, le colonel avait ordonné d'améliorer les positions mais, heureusement, les Allemands étaient un peu moins virulents que là-bas : ils tiraient assez peu au fusil et les salves d'artillerie, qui arrivaient de façon très espacée, ne duraient jamais bien longtemps. Le temps, en revanche, était au froid glacial et à la pluie : les abris de fortune que Gabriel et ses camarades avaient bricolés ne résistaient pas à l'eau qui s'infiltrait de tous les côtés, tandis que se déplacer dans les boyaux étaient une corvée pénible car la boue froide y montait au moins jusqu'à mi-mollet. Quant aux nuits, elles étaient cauchemardesques lorsqu'il fallait veiller au créneau et surveiller ces « sauvages de Boches », comme il les appelait, avec une attention de tous les instants, allongé dans un trou boueux, gelé jusqu'aux os et les doigts gourds ; entre deux factions, il fallait essayer de trouver une ou deux heures de sommeil dans l'une des sapes creusées dans la paroi de la tranchée, vautré dans la fange en essayant de ne pas penser à l'obus qui pouvait arriver et faire s'écrouler plusieurs tonnes de terre sur les dormeurs.

Les hommes bénéficiaient d'un répit régulier car, suivant un rythme monotone, les compagnies passaient huit jours aux tranchées puis autant au repos, juste en arrière des lignes. Ils étaient logés très sommairement et continuaient à souffrir du climat, mais ils pouvaient néanmoins profiter d'une relative tranquillité pour se remettre un peu en condition. Il s'agissait en premier lieu de se laver et de s'épouiller ; Gabriel était désormais couvert de poux, comme ses camarades mais, en plus de l'inconfort qu'ils provoquaient, il n'arrivait pas à se débarrasser du sentiment de honte que cette situation provoquait en lui. Heureusement, ses parents lui envoyaient suffisamment de sous-vêtements pour qu'il puisse en changer régulièrement, tout au moins autant que la situation le permettait.

Carte postale achetée par Gabriel dans un commerce de Longueil-Annel (Oise), à l'arrière immédiat du front et envoyée à ses parents en décembre 1914.
(La scène date évidemment d'avant la guerre. Coll. famille Chatain)

Les zones de repos étaient peuplées de quelques civils vendant les services les plus divers aux troupiers : des femmes lavaient leur linge, tandis que des marchands proposaient du vin et des denrées diverses, des cartes postales, des crayons, etc… Des soldats pauvres et n'ayant personne pour leur envoyer des colis ou de l'argent passaient une grande partie de ces repos à travailler pour améliorer un peu leur maigre ordinaire et Gabriel les employait, plutôt que les civils, pour laver son linge : il savait qu'ils pourraient ainsi s'acheter un peu de vin et quelques tablettes de chocolat, douceurs dont il appréciait lui-même le réconfort. Ses parents continuaient à lui envoyer des colis de victuailles et de l'argent et, en ce sens, il était un peu privilégié.

Dès qu'il avait un moment de libre, aux tranchées ou au repos, il leur écrivait, parfois jusqu'à une lettre par jour. Il les aimait profondément et savait que ses courriers les rassuraient, quitte à mentir un peu sur sa situation, bien que souvent pas omission : contrairement à ses missives d'août dernier, il

La boue

n'évoquait quasiment plus les combats, se contentant de leur parler du froid, de la pluie ou de la neige, et de leur dire combien les caleçons, les chemises, les mitaines et les flanelles qu'ils lui envoyaient étaient utiles ; il leur demandait parfois un effet particulier dont il avait un besoin impérieux, leur indiquait comment envoyer l'argent, faisait le compte des courriers et des billets reçus... Pour le reste, il en disait peu, se contentant de donner quelques détails de sa vie quotidienne ; il préférait leur demander des nouvelles du pays, de la vente du vin au prix du cochon en passant par les blessés en convalescence. Le service postal s'était considérablement amélioré depuis le début des hostilités et, maintenant, les lettres arrivaient toutes dans des délais raisonnables, aussi pouvait-il correspondre de la même façon avec l'ensemble de sa parenté : il écrivait beaucoup, à sœur Saint-Martin surtout, mais aussi à ses cousins et à ses amis d'Aurillac, avec monsieur Marty et la famille de feu monsieur Vaysse ; ils ne l'avaient pas oublié et lui envoyaient aussi un colis de temps à autre. Gabriel était un garçon qui avait su semer la sympathie autour de lui et on le lui rendait bien, car les lettres qu'il recevait étaient le seul moyen de s'évader de son terrible quotidien. Bien sûr, il attendait surtout celles de ses parents, car il s'inquiétait pour eux et voulait les savoir en bonne santé, tout comme sa grand-mère, la vieille Marie qui allait maintenant sur ses 76 ans ; d'autre part, viscéralement attaché à son village, Pontcirq, il voulait savoir tout ce qu'il s'y passait, aussi lui arrivait-il parfois de les blâmer, sans sévérité cependant, parce qu'il estimait qu'ils ne lui avaient pas donné assez de détails.

Depuis février le temps s'était progressivement amélioré. Durant la période précédente, Gabriel s'était demandé comment lui-même et ses camarades avaient fait pour ne pas tomber malades par dizaines, mais le froid avait pris le pas sur la pluie et cela avait été un peu mieux. Mars avait commencé par un refroidissement, mais Gabriel préférait cela à un retour de la pluie. Le rythme en place depuis la fin décembre se poursuivait : quelques jours en ligne, quelques jours au repos, quand tout cela allait-il donc finir ? Il préférait toutefois cette monotonie à un changement de position qui l'aurait mené on ne sait où : son expérience passée dans des secteurs où les Allemands étaient bien plus agressifs lui commandait de se satisfaire de ce qu'il avait ; ici, en effet, les fusillades restaient assez espacées et les tirs d'artillerie, pour violents qu'ils étaient, n'étaient déclenchés que sporadiquement ; il fallait alors savoir s'abriter lorsque l'on entendait 77, 105 et 210 arriver et attendre patiemment, bien que la peur au ventre, qu'ils aient fini de faire jaillir des geysers de fer et de feu le long des premières lignes.

Extrait d'une lettre de Gabriel à ses parents, mars 1915.
(Coll. famille Chatain)

Les promesses du printemps

20 mars 1915

Gabriel et Albert étaient assis côte à côte sur une banquette de terre sculptée au fond de la tranchée, leurs brodequins baignant dans quelques centimètres de boue. Ils profitaient d'un moment de calme pour écrire à leurs parents et les remercier des colis qu'ils avaient reçus et avec le contenu desquels ils avaient fait bombance la veille au soir. Ils avaient notamment apprécié la viande envoyée par les parents de Gabriel mais, maintenant que le temps commençait à se radoucir, celui-ci se demandait si tous ces coûteux envois étaient bien raisonnables : il leur écrivit ainsi qu'il ne voulait pas qu'ils se privent pour lui car il pouvait très bien vivre avec moins. Il leur parla aussi de la photographie qu'ils lui demandaient depuis déjà quelques semaines, et leur affirma qu'il ferait son possible pour la leur faire parvenir rapidement. Il comprenait leur insistance : ils ne l'avaient pas vu et depuis plus de dix mois et, il le savait bien, tremblaient chaque jour à l'idée de recevoir une funeste nouvelle.

Il connaissait maintenant bien le secteur, car il ne l'avait pas quitté depuis la fin décembre 14. Popincourt, Armacourt, Dancourt, Fescamps, Piennes, tous ces villages de la Somme se confondaient dans ses souvenirs. Les séjours en première ligne succédaient aux périodes de repos, les relèves aux relèves, le tout sur un rythme monotone et stressant, car les brusques accès d'hystérie des canons et des fusils laissaient toujours des traces sanglantes derrière elles : il fallait alors ramasser les tués, pauvres morceaux de chair désarticulés, porter les blessés au poste de secours, au besoin en retenant avec la main les entrailles qui dégueulaient de leurs ventres ouverts, rassurer les choqués et se rassurer soi-même pour trouver la force de ne pas quitter cet enfer en courant. Dans ces moments-là, les bouteilles d'eau de vie envoyées par les parents étaient d'un grand réconfort dont Gabriel et Albert ne se privaient pas.

Avril n'apporta pas de grands changements à la situation du 139e d'Infanterie, qui se déplaça un peu mais resta dans le même secteur. Le temps en revanche commença à se radoucir et, certains matins, lorsqu'il était au repos, Gabriel percevait de façon fugitive des effluves qui lui rappelaient celles du Quercy ; il fermait alors les yeux et s'imaginait à Pontcirq, partant avec son père travailler au champs dans la fraîcheur printanière. Souvent, il partageait ses impressions avec Albert et il leur arrivait alors d'ouvrir un colis pour entamer un saucisson du pays, se verser un verre de rouge et converser pendant des heures sur les collines, les cultures, les marchés, les gens, bref tout ce qui avait fait leur quotidien avant la guerre. « Le pays », pour eux, c'était le paradis perdu.

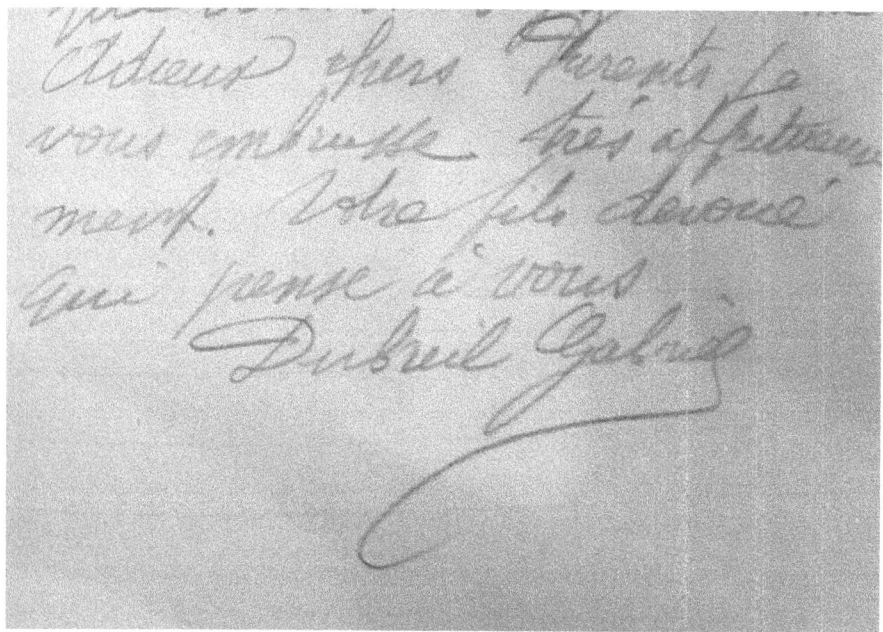

Lettre de Gabriel à ses parents, du 11/06/1915.

Aux tranchées c'était sensiblement différent. Au fur et à mesure que la température montait et que la boue séchait au fond des boyaux, les milliers de tonnes de déjections et de pourritures diverses qui tapissaient le fond et les abords des positions libéraient leurs parfums infects, tandis que les morts que l'on n'avait pu ramasser dans le *no man's land* se décomposaient en laissant planer une entêtante odeur de charogne. Avec mai les mouches arrivèrent par

Les promesses du printemps

nuées tandis que des centaines et des centaines de rats laissèrent leurs portées s'approprier le monde qu'ils avaient commencé à coloniser durant l'hiver. Après avoir attendu le beau temps avec impatience, les hommes redoutaient maintenant les fortes chaleurs de l'été qui s'annonçait. Les nouvelles tenues « bleu horizon » qu'ils avaient touchées étaient presque aussi lourdes que les précédentes et, s'ils faisaient de moins belles cibles avec elles qu'avec les anciens pantalons rouges, ils suaient toujours autant à l'intérieur et le barda à porter n'avait pas maigri. Quant aux poux, la douceur printanière semblait leur avoir donné une nouvelle vigueur.

Le secteur était cependant calme à côté d'autres où l'on s'affrontait très violemment. Gabriel le savait, car durant les relèves ou au repos, il lui arrivait souvent de croiser des gars d'autres unités venant de toutes les zones du front, qu'ils soient fantassins, tirailleurs nord-africains ou légionnaires, aussi souhaitait-il rester là où il était jusqu'à la fin de la guerre.

Le 12 mai, il quitta une nouvelle fois les tranchées pour aller au repos à Piennes. A peine arrivé, comme d'habitude, il commença par se laver et faire lessiver son linge, puis cassa une bonne graine avec Albert Cournac et d'autres camarades ; le lendemain, il attendit le passage du vaguemestre et parcourut avidement son courrier avant d'y répondre, puis tua le temps comme il le pouvait. Au bout de quelques jours, les gradés firent commencer les journées par un peu d'exercice, signe que l'on aller rester au repos plus longtemps qu'à l'accoutumée mais, pour le reste, on leur laissa quartier libre. Ils étaient stationnés dans un village où l'on trouvait un peu de tout à vendre, aussi Gabriel ne se priva-t-il pas d'acheter toutes les petites choses dont il avait besoin, sans toutefois oublier ses camarades sans le sou : il avait prévu de renvoyer à ses parents tous les effets d'habillement dont il n'avait plus l'utilité, mais il préféra finalement les donner « à un qui en avait bien besoin » ; de la même façon, il plaignait sincèrement certains de ses camarades qui, pauvres, n'avaient pas d'argent à dépenser lorsqu'ils étaient au repos.

Jusqu'à la mi-juin, la compagnie de Gabriel changea de cantonnement à plusieurs reprises, mais elle se retrouva à chaque fois dans un village bien pourvu en marchands divers, si bien qu'il put sans trop de problèmes acheter de quoi améliorer le maigre ordinaire réglementaire. Il trouva aussi, enfin, le temps de se faire photographier et posa devant l'objectif avec Albert et une vieille connaissance d'avant-guerre, originaire des Arques et nommée Gaydou, qu'il avait par hasard retrouvé dans une localité où il stationnait ; il s'était ensuite empressé d'envoyer le tirage à ses parents, qui l'attendaient avec impatience.

Gabriel et Albert avec deux de leurs camarades. Printemps 1915.
(*Albert, à l'extrême droite, pose une main amicale sur l'épaule de Gabriel. Coll. famille Chatain*)

Avec Albert Cournac, ils formaient toujours une bonne équipe et essayaient de passer du bon temps une fois les exercices ou les corvées de creusement de tranchées du matin passées. Il faisait chaud et, d'habitude, cette époque de l'année était à la fête dans leurs villages : comme ils avaient quelques camarades de leur coin en service dans d'autres unités du régiment, ils ne manquaient pas une occasion d'aller les visiter pour parler du pays lorsque l'occasion leur en était donnée ; ils avaient notamment bu un coup mémorable avec les nommés Rozière et Maradènes, ainsi qu'avec deux gars de Montgesty, le soir du 23 mai.

Les promesses du printemps

Albert Cournac, vers 1916.
(Coll. Jean-Pierre Carles)

Les rencontres et les échanges avec Albert Cournac et les autres gars du canton présents dans le secteur faisaient un bien fou à Gabriel, mais ils ne pouvaient à eux seuls combler son besoin de sentir sa terre et son village près de lui. Il correspondait toujours activement avec ses parents et, si chaque lettre qui lui arrivait d'eux le comblait d'aise, le moindre retard dans l'acheminement le plongeait dans le cafard. Bien que les missives qu'il leur écrivait étaient relativement succinctes, il attendait que les leurs soient pleines de détails lui permettant de vivre la vie familiale par procuration ; tout l'intéressait, du travail du domestique à la pousse de la vigne et des autres cultures en passant par la santé de la grand-mère, le devenir des voisins et de leurs enfants qui, comme lui, étaient au front ; souvent, il observait la situation agricole dans la zone où il stationnait et en tirait des conclusions sur ce qu'elle devait être chez lui... Tout ramenait ses pensées à Pontcirq. Il écrivait qu'il espérait y être pour les vendanges : la guerre ne pouvait durer éternellement car les hommes allaient venir à manquer... Tout au moins essayait-il de s'en persuader même si, avouait-il, il ne comprenait rien à ce qui se passait ni à ce qu'on lui faisait faire.

Ô mon pays

Pour l'heure, alors que juin était bien entamé, cela faisait déjà plus d'un mois qu'il était au repos : il profitait pleinement de chaque jour de ce répit ensoleillé d'une longueur inhabituelle, sachant que l'ordre qui le ramènerait dans ces maudites tranchées pouvait arriver n'importe quand.

12 juin 1915

Jean-Pierre avait maintenant rejoint le front depuis plus de deux semaines. A son grand soulagement, on ne l'avait pas renvoyé au 207e et il avait été affecté à son régiment d'origine, le 131e Territorial. Il s'était cependant trompé en pensant que ce changement allait l'éloigner de la ligne de feu : sa nouvelle unité tenait des tranchées de première ligne et creusait de nouvelles positions du côté de Mourmelon-le-Grand et d'Auberive, dans la Marne. Heureusement, l'activité du secteur était peu intense et, s'il arrivait parfois que des obus allemands tombent ici ou là et notamment sur le terrain d'aviation, qui était juste en arrière des positions d'infanterie, ils faisaient assez peu de victimes.

Le colonel commandant le régiment accordait une attention particulière à l'hygiène des hommes et des aménagements corrects avaient été réalisés pour la favoriser. En bref, Jean-Pierre était loin des conditions affreuses des combats de l'hiver dernier. Ce n'était cependant pas les vacances : les risques restaient réels et le soleil de juin tapait dur quand, la pioche ou la pelle à la main, il fallait passer des journées à remuer des tonnes de craie champenoise. Même s'il savait que sa situation aurait pu être pire, il regrettait amèrement les semaines bénies qu'il venait de passer chez lui.

Il avait pourtant souffert comme un dément lorsqu'il était arrivé à l'hôpital de Carcassonne avec un convoi de blessés descendant du front, dans les premiers jours de janvier. Pas rasé depuis des jours, crotté et couvert de vermine, puant affreusement, il avait été humilié d'être vu ainsi et lavé à grande eau par des femmes, des bonnes sœurs qui plus est, car il était incapable de le faire lui-même : il ne pouvait pas se tenir debout et ses doigts douloureux refusaient de bouger de plus de quelques millimètres. Les médecins l'avaient cependant vite rassuré sur ces derniers : il allait en récupérer l'usage. Il en allait autrement avec ses pieds et ses mollets, qui avaient été profondément atteints durant leur séjour prolongé dans l'eau gelée des tranchées : les estimant perdus, ils étaient d'avis d'amputer ses deux jambes jusqu'au genoux... Grâce à Dieu,

Les promesses du printemps

une religieuse infirmière s'était violemment opposée à cette décision et, après avoir obtenu gain de cause, avait pris sur elle d'obtenir sa guérison. Elle l'avait alors averti que les soins seraient longs et difficiles. De fait, chaque jour pendant plus d'un mois, elle vint retirer la peau noire et morte qui se détachait petit à petit de ses pieds, désinfecter les plaies et refaire les pansements ; elle était très attentionnée et parvint même à préserver les orteils, dont Jean-Pierre ne donnait pourtant pas cher. Il lui fut infiniment reconnaissant de lui avoir intégralement sauvé ses jambes.

Extrait d'une lettre de Jean-Pierre à Thérésine, janvier 1915.
(Coll. Jean-Pierre Raynal)

Ne pouvant marcher, il occupait ses journées monotones comme il le pouvait, jouant aux cartes ou conversant avec ses camarades de chambrée. Il écrivait souvent à sa famille, des cartes pour faire plaisir à la petite Irène et des lettres à son fils et à sa femme. Au début de son hospitalisation, il avait dû demander à un camarade de chambre d'écrire à sa place, ses doigts étant encore incapables de tenir un crayon, et Thérésine avait ainsi eu la surprise de recevoir une lettre à l'écriture hésitante et à l'orthographe très approximative, alors que Jean-Pierre écrivait correctement sans faire trop de fautes.

Les quatre mois de séparation, dont deux passés sur le front et un à gémir à l'hôpital, ne lui avaient pas fait oublier son statut de chef de famille : s'il ne recevait pas un mandat, il demandait à son épouse de lui expliquer comment elle l'avait envoyé, histoire de vérifier si elle n'avait pas fait d'erreur. Il lui faisait parfois des reproches qui ne faisaient en fait que montrer à quel point ses proches lui manquaient ; il lui disait en effet qu'il languissait, qu'il ne recevait pas assez de courrier et lui demandait d'être un peu plus volontaire dans ce domaine, où d'en charger Paul qui savait maintenant écrire correctement. En fait, Thérésine ne l'oubliait pas, mais le service postal des armées éprouvait encore de grandes difficultés à fonctionner, ce qu'il ignorait. Se retrouvant quelque peu dans la peau d'un jeune amoureux transi, il signait invariablement les missives envoyées à sa femme par « ton mari qui t'aime et qui t'embrasse, pour la vie. Cussat Jean-Pierre ».

Au fur et à mesure des soins et de la cicatrisation des plaies, Jean-Pierre recommença à se tenir debout et à marcher. Bientôt, ses progrès furent tels que les médecins lui affirmèrent qu'il allait bientôt pouvoir rentrer au dépôt de son régiment pour y terminer sa convalescence, ce qui le combla de joie : le dépôt était toujours à Cahors, à 20 kilomètres à peine de chez lui. Il prit immédiatement son crayon et écrivit la bonne nouvelle à Thérésine et aux enfants, qui furent envahis de bonheur et de soulagement lorsqu'ils la reçurent. Quelques jours plus tard, le 11 mars, il débarqua effectivement en gare de Cahors et prit à pied la direction de la caserne ; sa démarche n'était pas encore totalement assurée et ses orteils encore un peu douloureux, mais il se fit un point d'honneur à ne pas avoir l'air d'un pauvre éclopé. Au bureau de la compagnie de dépôt, il n'eut aucun mal à obtenir une permission de plusieurs jours car, le capitaine devant qui il se présenta le vit de suite, il n'était pas encore apte au travail.

Arrivé à la gare de Castelfranc, il trouva fort heureusement un voisin qui accepta de l'emmener avec sa charrette jusqu'aux limites de sa commune. Il prit ensuite à pied le chemin qui montait jusque chez lui, au hameau du Cluzel qu'il avait quitté cinq mois auparavant. Passant le dernier virage, il aperçut la petite Irène qui jouait au bout du jardin et il l'interpella. Levant les yeux, la gamine ne vit qu'un inconnu coiffé d'un képi et habillé d'effrayants pantalons rouges ; elle détala à toutes jambes en criant vers la maison pour se réfugier dans les jupes de sa mère, qui comprit de suite et sortit précipitamment à la rencontre de son mari.

La maison n'avait pas changé, ou plutôt si, mais Jean-Pierre n'était pas capable de dire de quelle façon. Irène avait grandi plus qu'il ne le pensait tandis que Paul, qui n'était qu'un adolescent à son départ, avait maintenant la démarche et les paroles d'un jeune homme qui savait ce qu'il avait à faire, seul. Quant à Thérésine, il la trouva comme la maison : changée, mais sans savoir de quelle façon. Mais l'important était qu'elle soit là, souriante.

Les deux mois qui suivirent se partagèrent entre les séjours au dépôt, durant lesquels il était employé à des travaux divers, et les permissions ou quartiers libres qu'il allait passer chez lui au Cluzel. Il eut le plaisir de voir tranquillement le printemps arriver, de pouvoir aller regarder les blés pousser ou se promener dans les rangées de vignes. Il se rendit aussi aux marchés, celui de Pontcirq et ceux des villages environnants, où il put discuter avec de vieilles connaissances ou avec d'autres mobilisés qui, blessés comme lui, étaient en convalescence dans leurs foyers ; avec eux, il sentait une proximité particulière, même s'il ne les connaissait pas très bien ; ils parlaient le même langage, avec des mots qui, quelques soient les secteurs où ils avaient été engagés, évoquaient les mêmes réalités terribles, réalités que les civils ne pouvaient imaginer et encore moins comprendre.

Il avait encore à l'esprit les repas passés avec sa famille, la porte ouverte pour laisser pénétrer la douceur printanière. Thérésine se mettait en quatre pour lui préparer les plats qu'il préférait tandis qu'Irène, en bon petit bout de femme, essayait de l'aider ; durant ces moments, il s'était surpris à avoir des conversations d'homme avec son fils et, le regardant parfois à la dérobée, il en concevait un sentiment de fierté.

Le 22 mai, il s'était retrouvé dans un train en partance pour le front. Voilà, le bon temps était fini. Bien qu'angoissé à l'idée de ne plus les revoir, il était cependant un peu moins inquiet pour eux que lors de son premier départ : Thérésine lui avait montré qu'elle savait mener la barque familiale, tandis que Paul se révélait un jeune homme intelligent et travailleur qui saurait prendre soin de sa mère et de la petite Irène si un malheur lui arrivait.

L'après-midi tirait sur sa fin et, tandis que quelques coups de fusils se faisaient entendre au loin, le sergent gueula la fin du travail. Après être sorti du boyau où il travaillait, Jean-Pierre déposa sa pioche sur la charrette, remis sa vareuse et passa la bandoulière de son arme sur l'épaule avant de rejoindre ses camarades qui, déjà, se mettaient en colonne pour marcher vers les cantonnements. Il était éreinté et, après un rapide repas, il alla s'étendre sur sa paillasse. La guerre ne pouvait pas durer éternellement et il faudrait bien que tout ça s'arrête un jour prochain.

15 juin 1915

Louis regardait défiler le paysage par la fenêtre du wagon qui l'amenait à Toulouse, dépôt du 83e d'Infanterie où il venait d'être muté. On lui avait annoncé cette nouvelle affectation deux semaines plus tôt et il en avait été plus qu'irrité : blessé deux fois, il avait vu tous les avantages qu'il y avait à appartenir à un régiment dont le dépôt n'était pas éloigné du domicile familial. Que se passerait-il s'il était à nouveau touché ? Les permissions de 24 heures, si elles étaient suffisantes pour se rendre de Cahors à Gourdon, qui n'étaient séparés que par une demi-heure de train, risquaient désormais d'être un peu courtes pour effectuer un trajet quatre fois plus long.

Son bras était désormais totalement remis et il ne lui restait plus qu'une vilaine cicatrice en souvenir de l'éclat d'obus qui l'avait profondément tailladé. Durant les trois mois qui venaient de passer, il l'avait pourtant regardé guérir sans trop de joie, car trop rapidement à son goût ; en effet, même s'il était satisfait de voir que son membre n'aurait pas de séquelles, il ne pouvait s'empêcher de penser que le répit que cette blessure lui avait donné avait été bien court… Trop dans tous les cas pour laisser la guerre se finir sans lui.

Il se rappelait lorsque, dans un wagon presque identique à celui qui l'amenait à Toulouse, il s'était réveillé au petit matin et avait vu le soleil briller de tous ses feux comme en été alors que le train sanitaire qui le ramenait du front fonçait vers le sud ; quelques dizaines de minutes plus tard, alors que le convoi longeait la côte, il avait vu la mer pour la première fois, au loin, bleue et scintillante.

L'arrivée en gare de Narbonne avait constitué le point d'orgue de cette descente du front : moins de 4 jours auparavant, il pataugeait dans une fange immonde, sous les obus et la fusillade, à bout de force, de la vermine se promenant sur sa blessure, et il était maintenant dans une riante gare méridionale, envahie par l'air marin que poussait une légère brise et où des civils souriants vaquaient à leurs occupations ; il y avait bien des militaires, mais ils appartenaient aux services de l'hôpital, portaient des uniformes propres et avaient les visages insouciants de ceux qui ne risquaient rien… Non, les seules incongruités dans ce joli panorama, c'était Louis et ses camarades, crasseux et sanglants à souhait.

Il était 13 heures et des voitures ambulances les conduisirent jusqu'à l'annexe Sévigné de l'hôpital n°35, qui avait été installée dans une ancienne école avec une capacité de 140 lits. Les plus gravement atteints furent immédiatement conduits en salle d'examen tandis que les autres purent aller prendre leur repas. Celui-ci fini, quelques religieuses firent irruption dans le réfectoire et, la voix douce mais autoritaire, leur ordonnèrent de se lever et de les suivre pour aller se laver. Comme Jean-Pierre quelques semaines auparavant,

Les promesses du printemps

Louis ne pouvait se déshabiller et se frotter seul, aussi fut-il comme lui particulièrement honteux lorsqu'une des infirmières vint l'aider et vit dans quel état de saleté repoussante il était ; pourtant, depuis des mois qu'elle se dévouait pour les blessés du front, elle en avait vu d'autres…

Louis avec des camarades hospitalisés à Narbonne, printemps 1915.
(Louis est marqué d'un X. Coll. famille Varlan-Courtiol)

Enfin propre et habillé d'un treillis de toile, Louis alla recevoir ses soins et on lui refit son pansement. Durant la soirée, il fit connaissance avec ses camarades de chambrées et écrivit une lettre à Mathilde pour qu'elle rassure la famille sur son sort. Le lendemain matin, il se réveilla frais et dispo, prit son petit déjeuner et alla se faire inscrire sur le registre des arrivées car cette formalité n'avait pas été faite la veille, faute de temps ; il se rendit ensuite à la visite puis passa le reste de la journée à ne rien faire, si ce n'est jouer aux cartes et discuter avec ses camarades. Les jours suivants se passèrent sur le même rythme, ses seules obligations étant d'aller recevoir ses soins chaque matin et d'être présent aux repas et à l'appel du soir ; contrairement à sa première hospitalisation, il pouvait marcher, aussi demandait-il parfois un quartier libre pour aller dîner en ville avec quelques camarades.

Chaque jour, il guettait le vaguemestre et lisait frénétiquement les lettres qu'il recevait, et tout particulièrement celles de Mathilde. Il y répondait ensuite en se transportant par la pensée vers la Vergne Grande, voyant ses filles le regarder arriver, blotties dans les jupes de sa mère et de Mathilde qui apparaissaient, souriantes, dans l'encadrement de la porte d'entrée.

La mi-avril était passée lorsque le médecin-major lui avait annoncé qu'il allait bientôt pouvoir partir en convalescence. Louis en fut heureux, mais il n'avait en revanche aucune envie de passer par le dépôt, à Cahors, et y perdre du temps en attendant qu'on lui signe une permission, aussi se débrouilla-t-il pour que ce soit les autorités de l'hôpital qui la lui accordent. Il quitta ainsi Narbonne le 23 avril. Son train s'arrêta quelques heures plus tard à Carcassonne, d'où Jean-Pierre était parti un mois et demi plus tôt, pour n'en repartir que le lendemain ; après être passé par Toulouse, Montauban et Cahors, il arriva enfin à Gourdon vers 23 heures 30 ; personne ne sachant à quelle heure il devait arriver, il n'était pas attendu, aussi prit-il le chemin de la Vergne Grande à pied, comme il en avait prit l'habitude durant ses précédentes permissions. Vingt minutes plus tard, il frappait à la porte de la maison ; une lumière s'alluma et la porte s'ouvrit enfin, laissant apparaître sa mère et sa femme en robe de chambre, puis ce fut un grand brouhaha quand les petites entendirent les éclats de voix dans la cuisine et perçurent celle de leur père. Après quelques embrassades, il alla ensuite finir la nuit avec Mathilde, moment qu'il attendait impatiemment.

Il passa une semaine auprès des siens. Sa mère et sa femme s'employèrent à chaque repas à le gaver de confits et autres bonnes choses car, disaient-elle, à l'armée on l'avait mal nourri et elles le trouvaient « tout déplumé ». Les petites ne le quittaient pas, où qu'il aille, comme si le fait de rester accrochées à son pantalon l'empêcherait de partir à nouveau. Il fit le tour de ses terres et put examiner la pousse des céréales, qui semblait prometteuse cette année ; il alla aussi rendre visite à quelques connaissances et remercier les voisins et cousins qui avaient aidé à tenir l'exploitation, et s'enquit des nouvelles des copains qui étaient au front. Sur le marché de Gourdon, il rencontra d'autres types qui étaient en convalescence comme lui, et ils allèrent s'attabler dans un café du tour de ville pour boire une anisette ; il s'aperçut qu'il parlait un langage différent avec eux, beaucoup plus libre que celui qu'il employait avec les civils, y compris avec sa famille.

Le soir, après avoir embrassé sa mère, il allait faire une bise aux petites, que l'on couchait plus tôt, puis allait rejoindre Mathilde. Cette période bénie se termina le 3 mai, lorsqu'il passa une nouvelle fois la grille de la caserne de Cahors pour rejoindre la compagnie de dépôt de son régiment. Jean-Pierre s'y

Les promesses du printemps

trouvait aussi et les deux hommes se croisèrent probablement à plusieurs reprises, que ce soit à l'ordinaire, à la cantine du soldat ou ailleurs.

Louis retrouva les servitudes militaires sans plaisir particulier, employé à ranger des paquets de vestes, de pantalons ou de chaussures dans des magasins où les gardes-mites régnaient en maîtres absolus. Louis se plia à leur tyrannie comme il balaya la cour sans faire d'histoire sous les ordres d'un caporal à képi de fantaisie qui, ami avec un député, n'avait jamais vu le front mais entendait bien faire voir ses galons à Cahors. Toutes ces mesquinerie ne l'intéressaient pas : tout ce qui comptait, c'était les quartiers libres et les permissions de 24 heures durant lesquelles il pouvait monter à Gourdon voir sa famille.

Lorsqu'on lui annonça sa mutation, le 1er juin, il comprit que son retour au front n'allait pas tarder. Les dernières visites à la Vergne Grande furent pleines de mélancolie et d'angoisse diffuse : tous avaient à l'esprit le proverbe « jamais deux sans trois » et détournaient le regard à chaque fois que la pensée se faisait trop précise sur un des membres de Louis... Une bras encore ? Ou une jambe ? Ce serait peut-être une chance.... Le visage ? Le ventre ? On en frissonnait... Louis aussi y pensait, mais il fallait y aller, c'était son devoir.

Il débarqua à Toulouse le soir même. Le dépôt du 83e était plein de soldats qui, comme lui, venaient d'autres régiments pour combler les vides de cette unité décimée par les dernières attaques qu'elle avait effectuées. Il eut à peine le temps de se faire quelques connaissances que déjà, moins d'une semaine après son arrivée, il se retrouva en pleine nuit à embarquer dans un train à destination du Nord.

Il débarqua à Simencourt, dans l'Artois, où ce qui restait du 83e était au repos depuis quatre jours. Le régiment avait des effectifs squelettiques car il avait été sans répit au plus fort des combats pendant plusieurs semaines ; rien que la dernière attaque, menée les 16 et 17 juin, lui avait coûté 103 morts et 307 blessés, auxquels ils fallait ajouter 436 disparus dont la plupart étaient des morts restés entre les lignes ou éparpillés par les obus tandis que les autres étaient prisonniers. Des renforts venant d'autres régiments arrivaient régulièrement et Louis reconnut parmi eux plusieurs officiers du 7e ; son escouade se complétait ainsi petit à petit et il liait connaissance avec ses nouveaux camarades, qui venaient d'un peu toutes les régions de France alors qu'il n'avait pratiquement côtoyé que des gars du Quercy dans ses précédentes unités.

Ô mon pays

L'emploi du temps était peu dense et, hormis l'exercice matinal, les officiers laissaient leurs hommes libres toute la journée. Régulièrement, au rapport matinal, on lisait les citations gagnées lors des mois précédents par des soldats dont la plupart étaient morts ou hospitalisés. Pour le reste, les bobards circulaient d'autant plus facilement que les hommes se connaissaient peu et qu'ils étaient désoeuvrés ; beaucoup croyaient que le régiment, nouveau en quelque sorte, allait être envoyé dans un secteur calme pour parfaire son amalgame.

Ennui estival

21 juillet 1915

 Cela faisait maintenant plus de trois semaines que la compagnie de Gabriel avait repris le service aux tranchées, toujours dans le même secteur. Celui-ci était relativement calme mais, si les nuits passées à veiller face aux positions ennemies étaient pénibles, elles étaient presque des moments de repos à côté de celles passées à creuser et creuser encore pour améliorer les positions. Suivant un tour mystérieux, on travaillait soit de jour, soit de nuit, mais toujours avec des périodes de repos trop courtes ; celles-ci étaient néanmoins appréciés, au moins pour la certitude qu'elles donnaient de dormir tranquille ; pour le reste, Gabriel en avait assez de ces villages pouilleux de l'arrière-front avec leurs marchands du temple et leurs filles faciles : il ne les avait que trop vu ces derniers mois mais, tant que la guerre durait, il ne voulait pas changer de secteur car il savait que c'était une véritable chance de bénéficier d'un calme relatif aussi long. Il prenait son mal en patience et veillait à garder sa tête à l'abri des tireurs ennemis lorsqu'il était en ligne…

 Aujourd'hui, il avait 23 ans, mais il n'avait pas le goût de fêter cet anniversaire en buvant un coup avec Albert Cournac ou les autres du pays. Il avait un peu le cafard : il aurait tant voulu être chez lui, près de ses parents. En plus de lui, ils avaient aussi maintenant à s'inquiéter de la grand-mère, qui déclinait gravement, et il avait peur qu'ils ne lui cachent quelque chose à ce sujet.

 Albert Cournac, qui était chargé de famille, fit partie des premiers permissionnaires autorisés à se rendre chez eux pour quelques jours. Gabriel en fut heureux pour lui, tout en sachant que, célibataire, il devrait attendre plusieurs semaines, voire plusieurs mois, avant que son tour arrive. Avant de partir, Albert lui promit d'aller voir ses parents et Gabriel le regarda s'en aller, envieux du sort de son ami, avant de retourner à sa section, qui se préparait à aller tenir les tranchées de première ligne.

Durant la courte absence d'Albert, Gabriel croisa à plusieurs reprises les gars du pays qui étaient dans le même coin que lui, avec Rozières, Maradènes et Delbreil, du village de Lherm, ainsi que Pinzenac, de Catus, ce qui lui permit de discuter un peu du pays. Ils évoquèrent aussi de la mort de leur compatriote Arthur Claret, du village de Saint-Médard, qui était tombé quelques jours auparavant à Laboissière, âgé de 23 ans ; Gabriel en informa ses parents en leur recommandant de ne pas en parler à la famille du malheureux : elle apprendrait la triste nouvelle bien assez tôt. Les rencontres ponctuelles avec ces camarades ne remplaçaient cependant pas la présence amicale d'Albert Cournac ; un peu plus âgé que lui, installé dans la vie, il était devenu une sorte de repère dans cette existence misérable et il lui manquait. C'est ainsi avec une grande joie, le 15 août, qu'il le vit s'avancer vers lui dans la tranchée pour le saluer et, de suite, Gabriel le bombarda de questions auxquelles Albert eut à peine le temps de répondre ; lorsque son ami se fut un peu calmé, il lui montra son sac rebondi et lui fit le détail de toutes les bonnes choses qu'il avait ramenées. Effectivement, ils firent un véritable petit festin et s'enivrèrent même un peu avec le vin vieux lorsqu'ils se retrouvèrent au repos, après avoir quitté les positions.

La visite d'Albert Cournac avait donné aux parents de Gabriel l'espoir que leur fils pourrait bientôt venir en permission ; ils se mirent en tête qu'il serait là pour les vendanges, non tant pour l'aide qu'il pourrait leur apporter, mais parce qu'ils savaient qu'il aimait cette période de l'année et qu'eux se voyaient déjà, comme dans une sorte de rêve, passer des journées entières dans les vignes avec lui. Gabriel n'était pas convaincu, mais il leur indiqua néanmoins la marche à suivre pour favoriser sa venue : un peu avant les vendanges, ils faudrait qu'ils aillent faire une demande auprès des autorités militaires, à Cahors, en affirmant qu'ils avaient un besoin impératif de leur fils pour rentrer le raisin. Dans les lettres suivantes cependant, il les amena progressivement à abandonner cet espoir : il viendrait, oui, mais lorsque ce serait son tour et à condition que les permissions ne soient pas suspendues.

Pour l'heure, il leur demandait de lui écrire souvent et de continuer à lui donner des nouvelles du pays. Le prix des bœufs, du blé, la vente des moutons, tout ce qui pouvait le rapprocher de Pontcirq et l'éloigner mentalement de sa vie de forçat était bienvenu. Il passait ses jours et ses nuits à creuser des tranchées et à poser du barbelé en première ligne, aussi écrivit-il à ses parents « je crois que nous allons retourner toute la terre de la région »... Les périodes de repos étaient toujours plus courtes et, souvent, employées par les officiers pour faire réaliser d'autres travaux. Il était exténué mais, malgré tout, ne voulait toujours pas changer de secteur et était prêt à y passer un an de plus : ici, ça tirait finalement assez peu et les gars prudents avaient de bonnes chances de s'en sortir.

Même si les matinées s'étaient rafraîchies, le temps était encore au soleil, aussi n'était-il pas utile que ses parents commencent à lui envoyer des effets chauds qui ne feraient qu'alourdir inutilement un barda déjà bien pesant. Ils pensaient certainement bien faire, et Gabriel se remémorait avec une certaine angoisse l'hiver infernal qu'il avait passé, mais tout cela pouvait attendre... Il y avait déjà un an que la guerre avait commencé : peut-être se terminerait-elle avant les premières gelées ?

15 septembre 1915

Les camarades de Louis, qui avaient prévu l'envoi de son régiment dans un secteur calme, avaient raison : le 27 juin, il avait quitté Simencourt et était allé relever le 14e d'Infanterie dans le secteur compris entre la route de Bailleul et la rivière Scarpe, non loin d'Arras. La mission qu'il avait reçue ne présageait pas, à priori, de grands combats étant donné qu'il était chargé de renforcer l'organisation défensive de la zone, c'est-à-dire d'améliorer les tranchées et les boyaux de circulation, d'aménager des centres de résistances, de creuser des abris, etc... En bref, les hommes du 83e allaient surtout faire œuvre de terrassiers, mais des terrassiers ayant en face d'eux des Allemands avec des fusils prêts à tirer sur la première tête qui dépasserait et des canons parés à faire feu sur la moindre activité suspecte.

Louis, qui avait encore en tête les furieux combats de l'hiver passé, fut cependant un peu surpris de la relative tranquillité du secteur, mais il ne s'en plaignit surtout pas, pas plus d'ailleurs que du rythme avec lequel les compagnies tournaient aux tranchées. Les cycles duraient en effet huit jours : le premier était passé en première ligne, le second en soutien, c'est-à-dire en alerte depuis les 2e ou 3e ligne, tandis que le troisième se passait au repos.

Il ne se passa pas grand-chose durant ces trois mois. Le travail était épuisant et Louis avait comme l'impression que l'on soldait les comptes de

Ô mon pays

l'année passée : il arrivait fréquemment que, lorsque sa compagnie était au repos, il y ait des remises de décorations ou des lectures de citations au rassemblement du matin ; ces textes, que le colonel ou le chef de bataillon lisait de sa voix haute et autoritaire, décrivaient la triste réalité du combat moderne, car en dehors du courage, de l'abnégation et des qualités militaires, ils ne faisaient état que de bras ou de jambes amputés et d'yeux perdus. La guerre n'était cependant pas finie : on enterrait régulièrement ceux qui tombaient, fauchés par une balle ou un éclat d'obus, durant ces pénibles travaux de terrassement.

Les Allemands du secteur ne semblaient pas décidés à ouvrir sérieusement le bal et personne ne leur en tenait rigueur. De temps à autre, on s'arrêtait de piocher pour échanger quelques kilos de métal brûlant avec eux, mais ça ne durait jamais bien longtemps ; il y avait des morts et des blessés des deux côtés… Mais c'était la guerre, non ?

Après avoir défié la mort plus de cent fois, certains commençaient à s'ennuyer du travail ingrat et abrutissant qu'on leur demandait, tout comme des courtes fusillades sans but. Les soldats étaient jeunes et il n'en fallait pas beaucoup pour que le besoin d'échapper à l'ennui, conjugué à l'habitude du danger et à l'inconstance juvénile, ne les amène à s'amuser dangereusement : le 23 août, alors que le secteur était assommé par la chaleur estivale, le soldat Marcel Rougerie, un trompe-la-mort bien connu de la 9e compagnie, décida d'aller en plein jour faucher un fanion que les Allemands avaient accroché au-dessus d'une de leurs positions ; il s'élança et bondit discrètement de trou d'obus en trou d'obus sur plus de 120 mètres jusqu'à la ligne ennemie, s'empara du bout de tissu et revint en courant comme un dératé en brandissant son trophée au dessus de lui sous les volées de balles des veilleurs ennemis, furieux… Il n'en pouvait plus de rigoler, heureux de la bonne farce qu'il venait de jouer aux Boches… Farce qui eut l'heur de plaire à son général, qui lui accorda une citation à l'ordre du Corps d'Armée…

Ereinté après des journées à manier la pelle et la pioche, Louis appréciait les repos et aimait ces journées d'été passées à discuter avec ses camarades devant un quart rempli de vin, aussi mauvais soit-il : c'était les seuls instants de répit qu'il pouvait espérer. Il profitait aussi de ces moments de libre pour correspondre avec sa famille ; un parent, Anselme Sorbié[7], lui avait ainsi écrit, début juillet, une lettre évoquant son triste sort à la poudrerie nationale de

---

[7] Pseudonyme.

Ennui estival

Toulouse, où le travail était dur et les émanations, disait-on, très toxiques… Louis pensa qu'un séjour au front lui ferait vite fait voir sa poudrerie comme paradisiaque…

Mathilde et ses filles Lucienne et Henriette. Photo envoyée à Louis au front.
(Coll. famille Varlan-Courtiol)

Les courriers de Mathilde étaient naturellement ceux qu'il attendait le plus ; elle lui écrivait presque tous les jours et parfois même deux fois dans la même journée pour lui redire son amour, sa volonté de l'avoir auprès d'elle, de l'embrasser et de le rendre heureux. Il lui répondait de son mieux, mais que pouvait-il lui raconter d'intéressant ? Les tranchées ? La piquette partagée avec les camarades ? Il restait ainsi peu disert sur sa situation et, ce qui n'arrangeait rien, assez sobre dans l'évocation de ses sentiments. Elle n'était cependant pas du genre à se contenter de si peu, car elle avait du caractère et concevait l'amour de façon absolue : au bout de plusieurs semaines, elle finit par réellement s'offusquer de la sécheresse -toute relative d'ailleurs- de ses lettres et lui en fit amèrement le reproche dans l'une des siennes. Il lui répondit calmement, en essayant de lui expliquer que la morosité de sa condition, la peur des attaques, l'éloignement et l'incertitude de l'avenir l'empêchaient de lui écrire tout ce qu'il aurait voulu, mais que cela ne changeait rien aux forts sentiments qu'il lui portait.

Le temps nécessaire aux lettres pour arriver fit que Mathilde ne reçut les réponses de Louis qu'après avoir écrit d'autres courriers de la même veine. Se laissant entraîner par son imagination, tiraillée par le manque de son époux, elle lui écrivit ses doutes et poursuivit la querelle d'amoureux : l'aimait-il vraiment ? Ne l'oubliait-il pas, là haut, si loin ? Anselme Sorbié, lui, écrivait de longues pages à sa famille et de jolis mots d'amour à sa femme. Louis fut très affecté par ces courriers, qui lui firent plonger le moral. Il le lui dit et se justifia, avec des raisons que lui seul pouvait finalement comprendre : la peur, les veilles au créneau, la monotonie des journées… Quant à Anselme Sorbié, il n'était pas vraiment dans la même situation que lui et avait certainement tout le temps d'écrire ce qu'il voulait ; il se garda de livrer le fond de sa pensée : à côté du front, la poudrerie de Toulouse était une sinécure et le gars Anselme, un sombre planqué. Il perçut cependant la détresse et de sa femme et, dès le lendemain, lui écrivit une vraie lettre d'amour. Il fit bien : deux jours après, son régiment se préparait à monter à l'assaut.

21 septembre 1915

Jean-Pierre rentra une nouvelle fois sa tête dans les épaules avant de sentir le souffle brûlant de l'explosion passer au-dessus de la tranchée, entraînant avec lui des morceaux de roche et de métal fusant dans un épais nuage de terre meusienne. Les chapelets d'obus qui s'abattaient sur la ligne de front, les cris des blessés, les hurlements des gradés, tout ça lui rappelait les heures d'enfer qu'il avait vécues en Champagne, une dizaine de mois auparavant. L'été finissait dans un fracas du diable que la tranquillité relative de son commencement n'avait pourtant pas laissé soupçonner : le 131e Territorial était resté jusqu'au 18 juillet dans les tranchées plutôt tranquilles de Mourmelon et d'Auberive, puis s'était déplacé jusqu'à son secteur actuel, au sud-est de Saint-Mihiel, dans la Meuse, où il avait pris ses positions à Koeur-la-Grande, Koeur-la-Petite, Courcelles, Mont-sur-meuse et Han-sur-Meuse ; la mission qu'il y avait reçu était sensiblement la même que précédemment, à savoir tenir des tranchées de première ligne et améliorer les retranchements de toute la zone, que les unités précédentes avaient négligés.

Ennui estival

Le mois d'août s'était écoulé sur le même rythme monotone qu'à Mourmelon, mais l'activité ennemie avait été sensiblement plus marquée : des fusillades se déclenchaient plus fréquemment lors des patrouilles et l'artillerie allemande envoyait assez souvent des salves d'obus au moindre signe d'activité suspect, lorsque ce n'était pas sur un simple agent de liaison en train de porter un ordre. Pour le reste, les semaines s'étaient déroulées suivant le cycle habituel : veille ou travaux de terrassement en première ligne, soutien, et enfin repos, pendant lequel il arrivait souvent à Jean-Pierre de lire « *L'Echo des Gourbis* », le journal du régiment ; on y trouvait des historiettes, des blagues, des bobards et des informations diverses qui permettaient de tromper l'ennui quelques minutes.

Les « papys »[8] du 131e, qui pour beaucoup avaient fait le début de la campagne dans des régiments de ligne, trouvaient le temps long et s'ennuyaient ferme dans cette vie certes sans relief, mais néanmoins dangereuse, comme le prouvaient les morts et les blessés dont la liste s'allongeait presque chaque jour. Le *crédo* que tous connaissaient était simple : baisse la tête, ne soit pas au mauvais endroit au mauvais moment, ne joue pas au con… Certains en eurent assez et, la vie du front ayant révélé la jeunesse qui ne faisait que sommeiller en eux, se risquèrent, justement, à quelques inconsciences, comme leurs cadets : la folie des fanions allemands n'avait pas seulement cours au 83e, le régiment de Louis, car deux gars du 131e, après avoir passé la journée dans un poste d'écoute de première ligne et repéré un fanion que les Allemands avaient placé sur un pommier à côté de leur position, rampèrent à la nuit tombée sur plus de 200 mètres pour faucher le bout de tissu au nez et à la barbe de ses propriétaires, puis le ramenèrent à leur commandant de bataillon.

L'exploit des deux compères fut le dernier du genre : dès le lendemain, qui était le 6 septembre, les Allemands commencèrent à sévèrement bombarder les positions tenues par le régiment. Cela faisait maintenant plus de deux semaines que ça durait : parfois ils tiraient de jour, d'autres fois de nuit, et les hommes tombaient de plus en plus nombreux ; les travaux de terrassement ne s'étaient pas ralentis pour autant, bien au contraire, car l'attitude de l'ennemi montrait qu'il préparait quelque chose, mais la pluie qui s'était mise à tomber rendait les choses encore plus difficiles. Jean-Pierre voyait avec une certaine appréhension les conditions des combats de l'hiver précédent se remettre progressivement en place…

---

[8] Surnom donné aux soldats territoriaux, qui appartenaient aux classes les plus âgées.

L'Echo des Gourbis, « journal anti-périodique des tranchées et des boyaux, organe des troglodytes du front », numéro de septembre 1915.

Où seront-nous dans un an ?

13 novembre 1915

Louis cligna des yeux et essaya de se lever, mais ses jambes engourdies ne suivirent pas le mouvement et, pour ne pas perdre l'équilibre, il dut lourdement s'appuyer sur la paroi terreuse de l'abri souterrain où il avait passé une partie de la nuit, recroquevillé dans sa capote boueuse et trempée. Une bougie fixée sur une baïonnette de fusil Mauser plantée à mi-hauteur éclairait faiblement les autres dormeurs et faisait fébrilement danser des ombres sur leurs uniformes couleur de rien. Le caporal, après l'avoir réveillé, s'était assis en tailleur juste en dessous et écrivait une lettre.
-« Tiens Varlan, j'ai fait réchauffer du jus, sers-toi, il est là », dit-il en lui désignant un quart posé sur une pierre à côté de lui.
-« Merci ».

Louis savoura le café, un sombre jus de chaussette très âcre qui ne passait qu'avec beaucoup de sucre, remercia le gradé et se glissa vers la sortie du souterrain.
-« Bon allez, faut que j'aille relever le veilleur… », dit-il en commençant à remonter la galerie d'accès à quatre pattes.

En sortant la tête dans la tranchée, l'air froid et limpide le libéra de la chaleur moite, lourde et puante qui régnait dans la sape. Sous ses pieds, la fine couche de boue gelée craqua et laissa ses brodequins s'enfoncer un peu. Il releva le col de sa capote, ajusta la sangle de son fusil sur l'épaule et suivit le boyau qui s'avançait jusqu'au poste d'écoute, devant les lignes ennemies. Il y trouva son camarade frigorifié, qui l'attendait avec impatience.

-« Putain ça pique ce soir, je ne sens plus mes doigts et j'ai cru que t'arriverais jamais », lui dit-il en chuchotant.
-« C'est bon, je suis à l'heure… Rien à signaler en face ? ».

Ô mon pays

-« Non, rien du tout, ils sont comme nous, ils se font chier… »
-« Allez, va te reposer, le caporal a fait réchauffer du jus ».

Louis se plaça devant le créneau et commença à regarder à travers pendant que, derrière lui, son camarade s'éloignait pour rejoindre la sape. La nuit était claire et il regarda le *no man's land* qui étalait devant lui ses trous d'obus, ses rangées de barbelés et ses troncs d'arbres calcinés jusqu'aux tranchées adverses ; en face, il savait qu'il y avait un homme nommé Hans, Kurt ou Friedrich qui veillait comme lui et regardait dans sa direction, mais rien ne le laissait deviner. Rien ne bougeait, tout semblait figé par le froid.

Tout en gardant ses yeux braqués sur la zone à surveiller, il laissa vagabonder son esprit jusqu'au pays. Il pensa qu'en ce moment même, à la Vergne Grande, tout le monde dormait dans des draps propres pendant qu'une grosse bûche se consumait lentement dans la cheminée. Il aurait donné n'importe quoi pour rejoindre le lit chaud de Mathilde et quitter cet endroit morne et désolé.

Mathilde… Modèle de femme intelligente et décidée. Lorsqu'elle était plus jeune, excellente élève, son institutrice avait voulu l'envoyer à l'Ecole Normale des Instituteurs, mais sa sœur, de 14 ans son aînée, s'y était violemment opposée, par jalousie peut-être ; les parents s'étaient rangés à ses raisons, et la jeune fille était restée à la ferme familiale, à Sainte-Mondane ; Louis était fier de cette belle épouse à l'esprit vif, mais il avait sans doute été aussi séduit par son indépendance et son caractère affirmé, qui correspondaient tellement à sa propre personnalité. Contrairement à beaucoup de mariage de l'époque, le leur n'avait pas été arrangé à l'avance car il avait été le fruit de leur seule rencontre et de leur amour réciproque ; on l'avait célébré au cœur de l'hiver, le 13 janvier 1910, et la petite Lucienne était venue combler leur foyer onze mois plus tard, le 6 décembre.

Mathilde n'en pouvait plus de leur séparation. Un mois plus tôt, elle avait formé le projet fou de faire le voyage et de venir le voir sur le front. La mort dans l'âme, il avait dû l'en dissuader : non seulement il ne tenait vraiment pas à ce qu'elle mette les pieds dans cet enfer, mais en plus elle serait montée pour rien jusqu'à Paris, car on ne l'aurait jamais laissé pénétrer dans la zone des armées. Il prit sur lui et lui dit la vérité sans ambages : à moins d'une blessure, il faudrait attendre une improbable permission ou la fin des hostilités pour se revoir.

Où serons-nous dans un an ?

Leur amour contrarié torturait leur imagination. Si, fin septembre, c'était elle qui avait cru déceler une certaine sécheresse dans les courriers de son époux, c'était maintenant au tour de ce dernier de mal interpréter certaines phrases. Cet imbécile d'Anselme Sorbié, toujours le même, lui avait écrit qu'il avait eu une « causerie » avec Mathilde à la sortie de la messe du 1er août et que « son moral était excellent ». Que voulait-il dire ? Qu'elle prenait du bon temps pendant son absence ? Il avait aussitôt répondu en lui demandant ce qu'il insinuait mais, toujours aussi abruti, l'autre était aller montrer ce courrier à Mathilde, qui n'avait alors pas manqué de se catastropher des pensées de son mari. Il ne s'agissait pourtant que d'un malentendu, mais Louis avait dû se justifier et réaffirmer à sa femme qu'il ne doutait ni d'elle ni de son amour.

Louis entendit un bruit derrière lui ; c'était un camarade qui enfin arrivait pour le relever. Après avoir échangé deux mots avec lui, il partit en suivant le boyau pour rejoindre la chaleur et la sécurité de l'abri souterrain ; à l'intérieur, il retrouva sa couverture sale et le havresac qui lui servait d'oreiller, puis s'allongea sans plus de cérémonie tandis que son esprit repartait déjà vers le sud.

Son régiment était alors employé à occuper, renforcer et réparer ses positions au nord de la Scarpe, à proximité du village de Chantecler, non loin d'Arras. Il y avait du travail car les dernières offensives réalisées fin septembre les avaient fortement détériorées.

Louis se rappelait de ces terribles journées où il avait retrouvé les éprouvantes sensations de l'assaut. La préparation d'artillerie avait cette fois été à la hauteur car les pièces françaises, tant de 75 que de calibres plus lourds, avaient tonné durant les quatre jours précédant l'attaque et fait tomber un véritable déluge d'obus sur les positions boches ; le matin du 25, à quatre heures, il s'était retrouvé avec ses camarades dans un parallèle de départ[9] et avait attendu, en regardant l'effroyable mais rassurant spectacle : tout ce que l'artillerie tuait d'Allemands était autant de tireurs en moins… Après des heures et des heures d'attente angoissante, le coup de sifflet du lieutenant avait retentit et tous avaient grimpé aux échelles pour franchir le parapet avant de s'élancer comme un seul homme en hurlant, baïonnette en avant. L'objectif de la compagnie était le fortin dit « de l'Entonnoir » qui se dessinait là, devant… Louis ne sut comment, mais il y parvint et sauta dans la tranchée ennemie au

---

[9] Parallèle de départ : boyau creusé pour permettre une sortie rapide lors d'un assaut vers les lignes ennemies.

milieu des balles qui sifflaient de tous les côtés. Les gradés hurlaient : « en avant, en avant ! », et ces mots étaient repris par tous. Les hommes progressaient dans le système de défense adverse, s'arrêtant pour tirer ou engageant de brefs combats à la baïonnette ; le fond des tranchées était tapissé de cadavres, Allemands ou Français, mais on n'y prêtait pas attention : il fallait avancer, toujours avancer et réduire à néant toute velléité de résistance. Louis crut un instant que la partie était gagnée, les Allemands s'enfuyaient…

Le tir ennemi se fit soudain plus intense et des soldats vert-de-gris semblèrent d'un coup sortir de partout : ils contre-attaquaient, et sur trois côtés encore ! La fusillade s'intensifia tandis que bombes et projectiles divers se mirent à grêler ; Louis et ses camarades épuisèrent rapidement leurs munitions et, tandis que certains trompe-la-mort ramassaient les grenades ennemies pour les retourner à l'envoyeur, un furieux corps à corps s'engagea. Submergés par le nombre, Louis et ses camarades furent finalement repoussés jusqu'à leur position de départ.

Tout ça pour ça : les morts gisaient entre les lignes tandis que les blessés sanglants qu'on avait réussi à ramener geignaient au fond de la tranchée, mais le fortin de l'Entonnoir restait allemand. Malgré ce résultat peu probant, on remarqua que la compagnie de Louis était celle qui s'était le mieux comportée durant cette journée et, plus tard, il put noter avec satisfaction dans son carnet qu'elle avait été citée à l'ordre du jour.

Le commandement français n'abandonna pas l'idée de s'emparer du fortin, et les vagues d'assaut furent envoyées durant trois jours encore pour essayer de s'en emparer, mais sans plus de succès. Le dernier après-midi, alors que l'on se préparait à une dernière tentative, l'artillerie allemande entra brutalement en action et rendit toute nouvelle action impossible. Le 83e était épuisé, et tout particulièrement le bataillon de Louis qui fut immédiatement envoyé au repos à Warlus, en arrière du Front.

Le régiment était ensuite resté dans la région d'Arras à tenir les premières lignes et à exécuter des travaux sur les positions. La zone était redevenue relativement calme, comme si chacun des adversaires reprenait son souffle pour la confrontation suivante. Les relèves succédaient au relèves, les repos aux repos, et ainsi de suite… Le froid et la pluie étaient arrivés, mais les tranchées étaient en meilleur état qu'un an auparavant, tandis que les hommes s'étaient plus ou moins habitués à vivre ainsi.

Où serons-nous dans un an ?

Ce soir-là, le 23 novembre, la 5e compagnie ne fut pas envoyée travailler aux tranchées comme prévu et Louis en profita pour écrire quelques courriers dont deux à Mathilde. Après lui avoir dit quelques banalités et évoqués ses besoins triviaux, comme du rhum et de la poudre contre les poux, il lui raconta qu'il l'avait vue en rêve la nuit précédente.

Novembre se termina et décembre s'écoula sur le même rythme monotone : 16 jours de tranchées ou de travaux, suivis de huit jours de repos. Il y avait un an tout juste, Louis était en convalescence au dépôt de Cahors et revenait régulièrement auprès de Mathilde, des petites et de sa mère. Il fit un peu le bilan de l'année écoulée : à côté de certains de ses camarades, qui n'avaient pas été blessés et n'avaient pas encore eu de permission, il avait en quelque sorte été un peu privilégié car il avait pu voir sa famille à plusieurs reprises ; à côté des autres, affreusement mutilés ou peuplant les désormais nombreux cimetières du front, il l'avait été beaucoup… 423 gars du 83e y étaient restés cette année, tout comme, certainement, une grande partie des 525 portés disparus. Il n'espérait qu'une chose : qua sa chance ne le quitte pas en 1916 et qu'on en finisse enfin.

> *La butte rouge, c'est son nom, l'baptême s'fit un matin*
> *Où tous ceux qui grimpaient roulaient dans le ravin.*
> *Aujourd'hui y a des vignes, il y pousse du raisin,*
> *Qui boira d'ce vin là, boira l'sang des copains*[10].

1er janvier 1916

Gabriel profita du repos accordé à sa compagnie pour écrire à ses parents et leur souhaiter une bonne année. Pourvu qu'elle soit meilleure que celle qui venait de s'écouler ! Son régiment venait de terminer six jours de manœuvres et il se demandait bien ce que les grands chefs préparaient encore… Ne pouvaient-ils pas leur foutre la paix ? Cela faisait maintenant presque deux mois qu'il était rentré de permission et son unité était toujours dans la Somme à tenir les tranchées et à améliorer les positions. Il en avait assez de veiller au créneau, de piocher et de poser des barbelés mais, à tout prendre, il préférait toujours cette vie de forçat aux attaques que semblaient annoncer ces manœuvres.

---

[10] Montéhus, *La butte rouge.*

Ô mon pays

Son tour de permission était finalement arrivé, mais bien après les vendanges. Pendant un bon moment, il n'y avait plus vraiment cru, car elles avaient été suspendues en septembre pour une durée indéterminée et il avait continué à vivre sa vie monotone de poilu ; elle se passait dans l'ennui des corvées ou du repos, uniquement éclairée par les petits gueuletons quercinois qu'il partageait avec Albert Cournac, Rozières et un autre gars de Lherm lorsqu'ils recevaient des colis du pays. Le tour des permissions avait ensuite été rétabli vers la mi-octobre et il s'était vu inscrit sur la liste ; il ne s'était pas emballé, de peur d'être déçu et de peiner ses parents en cas de changement : il leur avait juste dit qu'il risquait de venir et avait pris des dispositions au cas où, rien de plus.

Il partit finalement au début du mois de novembre, après avoir salué Albert Cournac et ses autres camarades. Après Paris, il avait lu avec émotion les noms des gares qui le rapprochaient de chez lui : Orléans, Vierzon, Limoges et, enfin, Brive-la-Gaillarde, qui ouvrait sur le Quercy, puis Souillac, Gourdon… Il regardait émerveillé les bois de chênes qu'il n'avait pas revus depuis une année, les murets de pierre qui émergeaient çà et là le long de la voie… Il débarqua à Castelfranc et aperçut immédiatement ses parents qui l'attendaient sur le quai. Les embrassades furent longues, sa mère pleurait de joie. Ils montèrent dans la carriole qui attendait devant la gare et partirent au petit trot vers Tourniac. Sa mère ne cessait de le dévisager, lui affirmant une fois par minute qu'il était maigre comme un clou et qu'il allait falloir qu'il se remplume ; son père répondait tant bien que mal aux questions dont il l'abreuvait, sur les récoltes, le vin, les marchés, les bœufs… Ils passèrent Castelfranc, puis Sals et arrivèrent au hameau du Cluzel, un peu avant Pontcirq ; là, on s'arrêta plus longuement lorsque l'on croisa quelques connaissances, mais ce fut rapidement pénible : « as-tu des nouvelles de mon fils ? Il est au 281e », « de mon petit-fils André, du 5e d'Artillerie de Campagne ? », etc… Gabriel ne savait que répondre et fut content que son père fouette le cheval pour lui faire accélérer la cadence.

Il passa une semaine idéale. La journée, il suivait son père aux champs, sur les marchés ou chez des voisins ; il alla aussi voir les familles de Cournac et de Rozières pour leur porter quelques nouvelles. Avec ses parents, ils allèrent passer quelques soirées à la veillée, chez des connaissances du village, mais, pour les autres, ils restèrent entre eux, dans leur maison de Tourniac ; après la grand-mère, sa mère se couchait toujours la première et il pouvait alors

Où seront-nous dans un an ?

longuement discuter avec son père, face à face dans le cantou[11], en fumant quelques cigarettes et en buvant un peu d'eau-de-vie de prune. Il était mélancolique, car il s'était aperçu que son absence l'avait complètement déconnecté de sa vie d'avant : il n'était au courant de rien, malgré les lettres, et les affaires avaient suivi leur cours… Surtout, les copains de son âge n'étaient pas là et les autres, les vieux et les femmes, ne comprenaient rien à sa vie de là-haut ; il avait parfois l'impression de parler une autre langue que la leur et son seul réconfort, il le trouva avec deux ou trois autres permissionnaires ou convalescents rencontrés au marché, qui comme lui donnaient un prix à cette vie tranquille au pays.

Les sept jours passèrent à une vitesse incroyable et Gabriel avait l'impression de juste avoir posé son barda qu'il était déjà dans le train en direction du Nord. Les pleurs de sa mère et le visage fermé de son père, sur le quai, avaient fini de lui ruiner le moral. Il regardait maintenant défiler le paysage dans l'autre sens et son cœur se serrait un peu plus en voyant la végétation et le relief changer progressivement. A Souillac, il quitta le pays puis, à Brive-la-Gaillarde, le monde aimé…

Malgré la tristesse qui l'avait étreint en quittant ses parents, Gabriel eut la surprise d'éprouver une sorte de satisfaction en rejoignant son unité, ou tout au moins ses camarades. Albret Cournac et les autres lui firent bon accueil et, comme à l'accoutumée, on fit un gueuleton au premier repas avec les victuailles rapportées par le permissionnaire. C'était comme s'il retrouvait une seconde famille dont il n'avait pas perçu la valeur jusqu'ici. La vie du front avait ensuite repris son cours, entre les habituels séjours aux tranchées, les travaux et les repos.

Après le répit du 1er janvier, le 139e avait de nouveau participé à des manœuvres jusqu'au 10, puis était allé au repos jusqu'au 16. Gabriel et ses camarades profitèrent de cette période pour faire quelques repas améliorés ; il écrivit d'ailleurs à ses parents de ne pas se ruiner à lui envoyer trop de colis : 5 francs dans une lettre de temps en temps suffisaient, car il pouvait acheter presque tout ce qu'il voulait dans les villages de l'arrière-front ; il est probable que la situation n'était pas aussi rose qu'il voulait bien l'écrire mais, comme depuis le début du conflit, il ne voulait pas que ses parents se privent pour lui.

Le temps, qui jusqu'alors avait été relativement clément, c'est-à-dire froid, se dégrada brutalement et une pluie incessante se mit à tomber sur les

---

[11] Cheminée quercinoise.

positions alors que le 139ᵉ reprenait les tranchées dans la région de Biermont et de Riquebourg, dans l'Oise. Ce nouveau séjour en première ligne s'annonçait difficile, car les tranchées et les boyaux se remplissaient d'eau ; la boue était partout et y resta même lorsque les précipitations se calmèrent un peu. Gabriel avait jusqu'à présent supporté avec résignation les dangers, l'ennui et la saleté des séjours en première ligne, mais y retourner ainsi, après tant d'épreuves, dans les mêmes conditions que l'hiver précédent atteignit profondément son moral.

Il resta abattu quelque jours puis repris du poil de la bête. La correspondance avec ses parents l'y aida : il donnait son avis sur le choix du nouveau domestique, sur les histoires d'adultère qui touchaient des femmes des soldats esseulées depuis des mois, sur le prix des bêtes, des denrées… Cette maudite guerre n'allait pas durer éternellement !

30 janvier 1916

Jean-Pierre était résigné. Depuis maintenant plus de quatre mois, il prenait des obus sur le coin de la figure à chacun de ses séjours en première ligne. Rien à faire pour s'y soustraire, rien, si ce n'est compter sur sa bonne étoile pour éviter le pire. Il avait cru que le service dans une unité territoriale allait lui éviter les grands dangers, mais force était de constater qu'il s'était trompé, et en beauté.

Le 131ᵉ était resté au sud-est de Saint-Mihiel jusqu'au 30 novembre. Là-bas, l'artillerie ennemie donnait pratiquement chaque jour et les fusillades étaient fréquentes. Durant cette période, Jean-Pierre avait vu avec amertume plusieurs de ses camarades quitter le front pour retourner à l'arrière travailler dans des usines où leur savoir-faire était indispensable ; personne n'avait d'ailleurs été dupe : si certains d'entre eux étaient effectivement qualifiés, d'autres ne l'étaient pas du tout mais avaient bénéficié de l'appui d'un ami député ou conseiller général ; le chef de corps, le colonel de Boislambert, s'en était ému et avait protesté, et ce d'autant plus que, suprême injustice, on lui envoyait des presque infirmes et des vieillards pour remplacer les partants, qui eux étaient en bonne forme et bien entraînés. L'intérêt général et l'égalité étaient déjà, pour quelques grandiloquents élus de la République, des idées abstraites à géométrie variable…

Quittant Saint-Mihiel, le régiment s'était déplacé de quelques kilomètres jusqu'à Commercy, où la zone était un peu plus calme ; durant cette période,

Où seront-nous dans un an ?

Jean-Pierre avait notamment reçu une instruction sur une nouvelle arme qui commençait à sévir sur le front : les gaz asphyxiants ; les hommes avaient ensuite été soumis à un exercice consistant à traverser une grande pièce remplie de gaz avec un masque à gaz sur la tête. Fin décembre, le 131e était revenu prendre ses anciennes positions du côté de Han-sur-Meuse et de Courcelles.

Durant les quinze premiers jours, la zone avait été relativement calme, mais à partir de la mi-janvier l'artillerie ennemie s'était remise à faire des cartons sur les lignes françaises ; les 15 et 16 janvier notamment, les positions du bois Carré avaient reçu 250 obus sur un front de 150 mètres seulement. Cela faisait maintenant plus d'un an que Jean-Pierre avait été mobilisé et que, territorial ou non, il avait combattu dans des secteurs particulièrement exposés ; il y avait aussi plus de huit mois qu'il n'était pas rentré chez lui. Sa femme, ses enfants et son pays lui manquaient, il en avait assez.

Ô mon pays

Verdun

27 février 1916

On en parlait depuis plusieurs jours et, maintenant que son régiment avait débarqué à Valmy, Gabriel entendait distinctement ce roulement de tambour lointain formé par les milliers d'obus qui s'abattaient au nord de Verdun. On ne savait pas vraiment ce qu'il s'y passait, sinon que l'on n'avait jamais vu un tel bombardement et que les pertes étaient phénoménales. Après avoir passé deux nuits à Sainte-Ménéhould, non loin de Valmy, le 139e avança vers la ligne de feu et alla cantonner à Récicourt, à une grosse quinzaine de kilomètres de Verdun. Gabriel sentait qu'il allait au-devant de quelque chose de terrible : depuis son débarquement à Valmy, il n'avait pas cessé d'entendre les obus tomber et, surtout, les routes menant à Verdun étaient sous le feu des gros calibres jusqu'à une trentaine de kilomètres du front et son unité avait dû faire de nombreux détours pour éviter les carrefours les plus exposées.

Encore une fois, il allait monter au casse-pipe avec ses camarades... Combien seraient-ils à tomber, cette fois-ci ? Il ne se doutait pas encore que cette fois, il serait plus simple de compter ceux qui en reviendraient... De toute façon, il était résigné, mourir ici ou ailleurs, c'était bien pareil. Le 2 mars, il écrivit une lettre à ces parents où ce fatalisme transparaissait quelque peu, mais il s'employa néanmoins, comme toujours, à les rassurer et leur demanda de ne pas se faire de mauvais sang. Lui-même n'était d'ailleurs sûr de rien : son régiment allait-il être engagé avant la fin de la bataille où allait-il rester en réserve à Récicourt ? Cela faisait plusieurs jours qu'il était là, « au repos » sous les obus qui tombaient de temps à autre sur les cantonnements.

Le 6 mars au petit matin, alors que jusqu'à présent les projectiles tombaient surtout vers le nord-est, de l'autre côté de la Meuse, Gabriel entendit soudain un intense bombardement assez proche, en direction du nord ; il ne savait pas que les Allemands, ayant sans succès essayé de percer sur la rive droite depuis le 21 février, tentaient maintenant leur chance sur la rive gauche, où son régiment se trouvait. Dans une espèce d'affolement ordonné, les gradés firent prendre les dispositions de combat et, bientôt, l'ordre de marche arriva.

Plus on avançait vers la ligne de feu, plus le bombardement s'intensifiait ; les énormes explosions étaient suivies des sifflements des éclats d'obus qui fusaient dans tous les sens, frappant parfois un malheureux qui s'effondrait en hurlant ou s'affalait en silence, sa vie s'échappant par des petits jets de sangs giclant d'une artère tranchée net.

Gabriel ne savait pas depuis combien de temps il marchait dans cet enfer. Ses oreilles sifflaient tandis que tous les muscles de son corps, contractés par la peur depuis des heures, renâclaient douloureusement à chaque nouvel effort. Sa section arriva dans un village qui n'était plus qu'un tas de ruines fumantes et il vit alors le sergent bondir au milieu des explosions pour donner des ordres d'installation. Le ciel était bas et il neigeait, mais les hommes ne pensaient qu'à se recroqueviller dans des coins de murs branlants pour se mettre à l'abri des obus : la peur atténuait la sensation de froid.

La nuit fut apocalyptique. Gabriel dormit peut-être quelques secondes, voire quelques minutes, mais il ne s'en aperçut pas. Parfois, le feu de l'artillerie était si intense qu'on y voyait comme en plein jour. Comme durant les interminables nuits de veille aux tranchées, à l'époque des secteurs calmes, il avait pendant de longues heures espéré la venue du jour, regardant régulièrement sa montre et s'étonnant à chaque fois du peu de temps qui venait de passer ; mais si le soleil pouvait réconforter un peu le guetteur transis par les rigueurs des nuits hivernales, il ne pouvait pas le protéger des gerbes de métal rougis par tous les feux de l'enfer. Lorsque le jour arriva, bien au contraire, il fallut quitter les ruines protectrices de Béthincourt pour s'élancer au milieu des arbres arrachés, des trous d'obus et des corps désarticulés pour rejoindre une nouvelle position qui n'était qu'à quelques centaines de mètres mais où – était-ce possible ? – ça tombait encore plus dru. La journée et la nuit suivante se déroulèrent de la même façon et Gabriel ne fit rien d'autre que d'attendre que tout cela cesse, couvert de boue et du sang de ses camarades, tremblant de peur et de froid, végétant dans un état second, complètement abruti.

Le 8 mars, son bataillon fut envoyé renforcer le 92e d'Infanterie, qui venait de contre-attaquer au bois des Corbeaux ; il devait s'installer un peu en arrière de ce dernier, au nord du village de Chattancourt, mais les Allemands s'aperçurent de son mouvement et lui envoyèrent un formidable tir de barrage et c'est après avoir encore laissé de nombreux hommes derrière lui qu'il atteignit les positions qui lui avaient été assignées. A peine arrivés, Gabriel et ses camarades apprirent qu'ils allaient devoir contre-attaquer à leur tour, le 92e étant sur le point d'être encerclé : leur peur atteignit son paroxysme... En fait, l'information était fausse et la contre-attaque n'eut pas lieu, mais ils restèrent sous le feu des obus, tapis dans leurs trous au nord de Chattancourt.

La nuit et la journée du lendemain furent infernales, car les Allemands déployèrent d'immenses efforts pour reprendre le bois des Corbeaux : ils lancèrent attaque sur attaque, toutes précédées de formidables tirs de préparation et accompagnées de feux roulants d'artillerie. Au dessus de la zone des combats stagnait un immense nuage de poussière que le vent ne parvenait pas à disperser : on s'entretuait dans une ambiance de fin du monde.

Comme ses camarades et notamment Albert Cournac, qui n'était jamais loin de lui, Gabriel s'était un peu accoutumé à l'enfer dans lequel il vivait depuis trois jours et il voyait mieux, maintenant, les bouts de cadavres informes qui émergeaient de terre çà et là où qui tapissaient le fond des trous d'obus ; il entendait mieux les cris des blessés affreusement mutilés, ces pauvres gars marchant hagards vers l'arrière, sans bras parfois, ou sans visage, tandis que d'autres rampaient lamentablement, les moignons sanguinolents de leurs jambes arrachées laissant de vilaines traces rouges sur la boue ; c'était aussi ceux qui, fous de terreur, se levaient brusquement et s'élançaient dans n'importe quelle direction et disparaissaient dans la fumée des explosions.

Dans la nuit du 9 au 10 mars, l'ordre tant redouté arriva et la compagnie se prépara à attaquer le bois de Cumières, qui prolongeait celui des Corbeaux vers l'ouest. Du fond du trou d'obus protecteur qui l'avait accueilli, Gabriel se mit à penser à ses parents et à son village, ils les aimaient tant. En moins d'une seconde, il passa en revue tout ce qui lui manquait : savourer les délicieux plats de sa mère, discuter dans le cantou avec son père, arpenter les champs quand les labours gelés craquent sous les pieds, en cette saison qui lui semblait si belle là-bas. Il aurait aimé avoir des nouvelles fraîches du pays pour mieux le sentir près de lui, mais cela faisait dix jours qu'il n'avait pas reçu de lettre. Il prit vite fait dans son sac une carte postale militaire qui lui restait et griffonna quelques mots à ses parents à lueur de son briquet. Comme d'habitude, il les rassura sur sa situation, puis évoqua le retard du courrier avant de, toujours pratique, leur demander de ne pas lui envoyer d'argent « car il n'en avait pas besoin » : il craignait toujours que ses parents se privent pour pouvoir lui en envoyer… Et là, il ne voulait surtout pas qu'ils en envoient à un mort… Enfin, il signa « votre fils qui vous embrasse bien fort, Dubreil ». S'il mourait aujourd'hui, cette lettre arriverait avant l'avis de décès et donnerait à ses parents quelques jours de répit avant des années de tristesse. Furtivement, des images datant du décès de sa petite sœur lui revenaient par à-coup : le visage fermé de son père, les yeux rougis et les robes noires de sa mère… Il donna la lettre à un homme de corvée qui devait descendre au poste de commandement et, un peu égoïstement, espéra qu'il ne se ferait pas tuer au détour d'une tranchée écroulée.

Il faisait encore nuit lorsque l'ordre d'avancer arriva. Parti du sergent qui l'avait hurlé à l'oreille du caporal le plus proche de lui, il lui était parvenu crié par le camarade placé derrière lui puis, à son tour, il l'avait fait passer avec toute les force de sa voix au gars qui était devant lui. Le vacarme interdisait tout autre moyen de communication. Il pleuvait de la terre, l'air était saturé de poussière, de fumée et d'une âcre odeur de poudre ; la terre ondulait au rythme des explosions et semblait s'animer d'une vie propre. Atteindre la base de départ, dernière ligne française avant le *no man's land*, fut aussi difficile qu'un assaut habituel et la compagnie perdit de nombreux hommes en chemin. Abruti, sourd, Gabriel suivit le mouvement lorsque l'attaque fut lancée : avançant en hurlant, se plaquant au sol, tirant, se relevant pour progresser de quelques mètres au milieu des explosions, lui et ses camarades s'emparèrent des trois quarts du bois après quelques dizaines de minutes de combat acharné. Mais la bataille continuait, sans répit, et les baïonnettes étaient rouges de sang, tout comme certaines crosses car, parfois, on n'avait pas le temps de recharger le fusil et il fallait cogner et cogner encore de toutes ses forces avec tout ce que l'on pouvait. Il fallait tuer pour vivre, la manière importait peu, mais la règle était la même en face : de la boue sanguinolente du champ de bataille émergeaient autant de bleu horizon que de *feldgrau*.

Alors que la conquête du bois de Cumières, qui n'avait plus de bois que le nom, semblait en bonne voie, la pluie d'obus redoubla et les assaillants furent bientôt immobilisés sur leurs positions. Les Allemands n'avaient pas l'intention de leur laisser le terrain… Bientôt les balles de fusil accompagnèrent le tir de l'artillerie et celui-ci se fit roulant pour permettre à l'infanterie allemande d'avancer. Gabriel tirait et tirait encore mais, à chaque fois qu'il regardait autour de lui, il voyait que ses camarades étaient de plus en plus nombreux à ne plus bouger, couchés dans des positions grotesques ou affreusement mutilés. Bientôt, la mêlée se fit plus confuse encore et il devint difficile de savoir qui était qui et qui tirait sur qui. L'histoire raconte que durant ce combat infernal où la poussière, le bruit et la fumée empêchaient parfois de distinguer les ennemis des amis, on vit des Allemands prendre des Français pour leurs camarades et se mettre en position à côté d'eux pour tirer sur leurs propres compatriotes, et vice et versa.

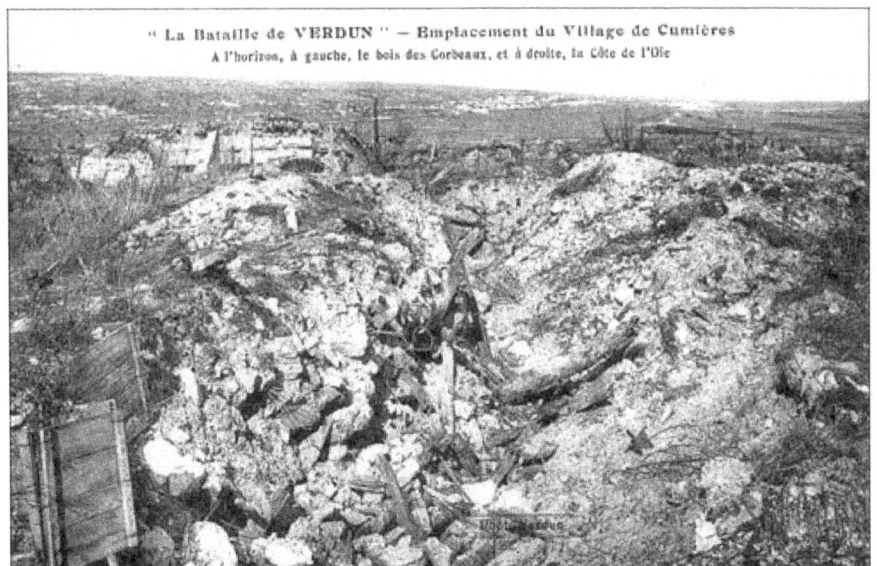

Le village de Cumières et le bois des Corbeaux juste après la guerre.

La tête de Gabriel bourdonnait, une barre lui pressait le front, il n'entendait plus rien et voyait des Allemands qui avançaient, sautant de trous d'obus en trous d'obus ; dans la démence de la situation, il se rendit compte qu'ils n'étaient plus que quelques-uns à résister encore alors que ceux d'en face arrivaient toujours plus nombreux. Il n'avait presque plus de cartouches et il les faisait tomber dans la boue en les prenant dans sa cartouchière ; il tremblait et arrivait à grand'peine à les rentrer dans le magasin de son fusil, les yeux fixés sur les Boches qui bondissaient au milieu des geysers des explosions. Une grenade blessa un de ses camarades, dans le trou d'obus voisin et il se mit à hurler pendant que Gabriel, qui venait de vider un nouveau magasin, essayait avec ses doigts boueux de réapprovisionner son arme avec une cartouche couverte de fange qu'il venait de ramasser. Deux Allemands sorti de nulle part se jetèrent alors dans le trou du blessé et commencèrent à tirer sur Gabriel. Se recroquevillant au sol, lâchant la cartouche et son fusil, il cria « camarade, camarade » sans même penser à ce qu'il faisait.

Les Allemands le firent sortir de son trou et le poussèrent un peu vers l'arrière où il fut pris en compte par deux autres types. Les obus n'arrêtaient pas de tomber, mais moins fort : l'artillerie française était loin d'atteindre la puissance de sa rivale. Les balles, en revanche, sifflaient avec rage. Il fallait toujours se plaquer au sol régulièrement, puis se relever sous les hurlements des Boches qui conduisaient le petit groupe de prisonniers qu'il avait rejoint ; du coin de l'œil, il avait vu qu'Albert Cournac était là lui aussi, en loques et l'air perdu.

Les captifs ne faisaient pas de difficultés à leurs gardiens : abrutis par plusieurs jours passés sous les bombardements, ils avaient néanmoins conscience que leur combat était fini et ils ne voulaient qu'une chose, sortir de cet enfer. Les obus, pourtant, ne choisissaient pas la chair à taillader, et Gabriel vit avec horreur certains de ses camarades d'infortune se faire pulvériser par les canons français. La peur, que l'adrénaline du dernier combat avait atténuée, remontait maintenant par bouffées et paralysait son cerveau... Je ne veux pas mourir... Je ne veux pas mourir... « Schneller, schneller !!! »... Gabriel et Albert couraient les bras en l'air, regardant vers l'horizon qui, de ce côté, était dégagé, sans geysers et sans poussière.

Prisonniers français conduits hors de la zone des opérations.

Verdun

Enfin sortis de la zone des combats, les prisonniers furent regroupés dans un champ sous la garde de quelques hommes. Le souffle encore court, Gabriel avait du mal à réaliser la nouvelle situation dans laquelle il se trouvait. Il était soulagé d'avoir quitté le champ de bataille sain et sauf, et il regardait parfois la ligne de front et ses explosions avec une terreur rétrospective. Qu'allait-il devenir ? Lui qui ne pensait qu'à retrouver ses parents et son village, il allait certainement, maintenant, en être éloigné comme jamais il ne l'avait été. Des Allemands allaient et venaient autour des prisonniers mais, hormis ceux qui étaient chargés de les garder, ils ne leur accordaient aucune importance. Gabriel les regardait à la dérobée, intrigué par leurs voix gutturales. Il remarqua que ceux qui descendaient des lignes étaient aussi pouilleux que lui et ses camarades, les yeux remplis de la même folie.

23 mars 1916

Janvier s'était déroulé relativement tranquillement dans le secteur de Chantecler, au nord d'Arras : l'activité allemande y était restée assez réduite, ce qui ne signifiait cependant pas que les fusillades et les échanges d'artillerie n'aient pas été ponctuellement très violents. Louis et ses camarades avaient néanmoins enduré un froid glacial accentué par de continuelles et violentes rafales de vent.

Louis avait vécu ces premières semaines de l'année avec une certaine fébrilité doublée d'une inquiétude accrue, car il avait appris qu'il allait bénéficier d'un tour de permission. Le jour tant attendu de son départ vers le Quercy arriva enfin le 25, sans qu'il mesure pleinement sa chance : 3 jours plus tard en effet, les Allemands commencèrent à creuser des mines sous les positions de son régiment[12].

Après un long trajet en train, il retrouva sa femme, ses filles et sa mère qu'il n'avait pas vues depuis sept mois. Les petites avaient tellement changé… Se rappelant des temps heureux de ses convalescences, il essaya de reprendre ses marques, mais il gardait en permanence à l'esprit l'idée que ce bonheur serait court et, peut-être, le dernier. Mais comment graver profondément ces moments de joie dans sa mémoire pour s'en rappeler tels quels, frais et clairs, quand il serait revenu au front ? Comment profiter de chaque seconde passée

---

[12] Une mine était une galerie creusée sous le *no man's land* afin de pouvoir disposer de grandes quantités d'explosif sous les positions ennemies dans le but de faire sauter ces dernières.

dans l'amour de Mathilde ou dans la tendresse des petites pour ne pas avoir le regret d'un seul instant perdu lorsque la vie quitterait à grosses giclées de sang son corps tressautant et agonisant ?

Chaque minute, chaque heure semblait passer plus vite au fur et à mesure que le temps avançait. Il comptait avec tristesse les jours qui lui restaient à passer auprès des siens, mais il n'en parlait pas… Sa femme et sa mère comptaient aussi, mais elles n'en parlaient pas plus. Seule Lucienne, naïve et innocente, lui demandait parfois, l'œil inquiet : « papa, c'est quand que tu repars » ? Quant à Henriette, elle l'avait encore trop peu connu et était beaucoup trop jeune, à bientôt trois ans, pour saisir tout le dramatique de la situation.

Lucienne et Henriette, vers 1917-1918.
(Coll. famille Varlan-Courtiol)

Le train passait sur le pont enjambant la Dordogne, juste avant Souillac. Quelques minutes avant, à la gare de Gourdon, Louis avait attendu avec impatience que le convoi s'ébranle et que cessent enfin ces adieux qui lui déchiraient le cœur ; il avait ensuite regardé, aussi longtemps qu'il l'avait pu – à peine quelques secondes, en fait – défiler sa ferme et ses terres, en s'imaginant partir pour une foire, comme avant la guerre mais, en franchissant la Dordogne dont les eaux dansantes partaient vers l'Ouest, l'océan et un inconnu ensoleillé, il pensa au Nord, à la boue et aux souffrances trop connues vers où le menaient les rails raides et froids de la voie de chemin de fer.

Le mal de gorge qu'il traînait depuis bien avant sa permission s'était fortement accentué : lui, qui avait perdu l'habitude de vivre dans des bâtiments chauffés, avait passé ces quelques jours à entrer et sortir de maisons où crépitaient de doux feux de cheminés ; il n'avait pourtant pas prêté plus attention que ça à cette angine qui se développait rapidement, entièrement tourné vers son bonheur provisoire. On verrait plus tard…

En arrivant à Paris, il était déjà pris de fortes fièvres et secoué par de douloureuses quintes de toux ; il aurait voulu se coucher dans un coin et s'enrouler dans une couverture pour ne plus penser à rien, mais il lui fallut marcher de la gare d'Austerlitz à celle du Nord. Lorsqu'il trouva son train, il se donna un peu de répit en se recroquevillant au chaud sur une banquette, mais le réveil n'en fut que plus rude lorsqu'il fallut quitter le wagon et sortir, la marche incertaine, sur le quai glacial de la gare d'Hauteville (Aisne). Il était vraiment trop mal pour rejoindre son régiment, aussi décida-t-il d'aller se faire examiner dans la première infirmerie qu'il trouverait. Il finit par en trouver une, où un médecin l'ausculta et constata à quel point il était malade ; Louis fut soulagé lorsqu'il lui dit de dormir sur place car il était trop tard pour l'évacuer sur l'hôpital. Il s'effondra dans un coin, s'emmitoufla dans sa couverture et laissa son esprit franchir les plaines et les montagnes pour retrouver la Vergne Grande pendant que le sommeil le gagnait.

Il était très sérieusement atteint : il resta une semaine à l'hôpital de Doullens, puis passa une convalescence de 25 jours au « dépôt d'éclopés », avant de repasser cinq jours à l'hôpital de Doullens pour des visites de contrôle. Classé à nouveau « bon pour le service », il partit rejoindre son corps, mais celui-ci avait quitté la Somme pour la région de Nancy : longeant l'arrière du front encombré de convois, aux gares déversant chaque jour des milliers de soldats, il lui fallut quatre jours pour retrouver enfin son régiment, qui exécutait des manœuvres du côté de Rozières-aux-Salines.

Il savait que les manœuvres ne dureraient pas et il ne fut pas surpris lorsque, le 23 mars vers 23 heures 30, il fut avec ses camarades dirigé vers la gare de Bayon où il embarqua dans un train en partance pour un secteur du front. Ils n'allèrent pas loin, car ils débarquèrent le lendemain à Ligny-en-Barrois.

Une rumeur, qui avait progressivement enflé depuis les manœuvres, était maintenant devenue une certitude qui passait sur toutes les bouches : on allait à Verdun. Ce nom restait mystérieux car, depuis plusieurs semaines, il se disait tout et son contraire sur cette portion du champ de bataille, tandis que les propos de ceux « qui en revenaient » et que Louis et ses compagnons croisaient dans leurs cantonnements ne faisaient qu'accroître le flou qui l'entourait ; une chose était sûre : c'était terrible. Louis n'en continuait pas moins de correspondre quotidiennement avec Mathilde, essayant de la préserver un peu du tragique des nouvelles qu'elle apprendrait bientôt sur ce qui se passait à Verdun ; dans sa lettre du 25 mars, il l'informa de son changement de secteur en des termes rassurants : « peut-être il [le secteur] ne sera pas aussi calme qu'à d'autres endroits mais au moins nous savons que nous n'aurons pas à attaquer ».

Après quelques jours de repos durant lesquels les hommes ne firent que s'inquiéter de la suite des événements, la compagnie de Louis reçut l'ordre de se tenir prête à faire mouvement : ça y était, on remontait au casse-pipe. Les soldats attendaient, le sac au dos et l'arme au pied, lorsqu'ils entendirent une pétarade qui se mit à enfler ; tournant leurs regards vers l'origine du bruit, ils virent apparaître au débouché d'une route des camions automobiles brinquebalants qui se suivaient par dizaines. Ils vinrent s'immobiliser devant eux avant que sous-officiers et caporaux donnent des ordres d'une voix forte afin de faire accélérer l'embarquement ; quelques minutes plus tard, le convoi repartait.

Les hommes étaient de plus en plus inquiets. Jusqu'à présent en effet, l'Armée ne les avait transportés qu'en train, lorsqu'elle ne les avait pas tout bonnement laissés s'épuiser à faire des centaines de kilomètres à pied, y compris dans des situations d'urgence, mais voilà que tout à coup elle avait besoin de les faire aller encore plus vite et, pour ce faire, de les transporter en camion automobile… Qu'est-ce qui justifiait un tel luxe de moyens, une telle volonté de rapidité ? Surtout qu'ils n'en étaient pas les seuls bénéficiaires : aussi loin que leurs regards pouvaient embrasser la route, ils ne voyaient que deux immenses chenilles de camions, la leur qui montait vers Verdun, et celle qui sur l'autre voie en descendait, transportant des soldats en loques et aux pansements couverts de sang séché ; sur les bas côtés, des centaines de territoriaux balançaient du ballast à grands coups de pelle sur la chaussée malmené par ce trafic inédit.

Camions transportant des troupes sur la route de Bar-le-Duc à Verdun en 1916.

Louis et ses compagnons débarquèrent à Récicourt, là même où Gabriel était arrivé un mois plus tôt, venant à pied de Valmy pour être lui aussi engagé à Verdun. Ils n'y restèrent pas longtemps car l'ordre de monter en lignes arriva le 31 mars. En marchant, Louis regardait le fatras de caisses éventrées et de détritus de toutes sortes qui jonchaient les abords des chemins et témoignaient de la frénésie qui s'était emparée de l'Armée Française pour contenir la formidable poussée allemande.

Le 83e avait été désigné pour occuper le réduit du bois d'Avaucourt et il y prit position dans la nuit du 3 au 4 avril ; ce fut un triste cadeau d'anniversaire pour Louis, qui fêtait ses 32 ans ce jour-là. La zone était un peu plus calme depuis les dernières attaques de la veille, mais le terrain était complètement retourné et couvert par les débris entremêlés d'arbres, de matériels et d'êtres humains, résultat de presque un mois de furieux et sanglants combats. Les lignes étaient totalement désorganisées tandis que les tranchées bouleversées et comblées n'offraient plus de véritables abris aux soldats.

Ô mon pays

Une fois arrivés sur la zone assignée à leur compagnie, Louis et ses camarades se mirent immédiatement au travail, pelle et pioche en main, pour renforcer leurs positions ; ils travaillèrent comme des forçats toute la journée et jusqu'au début de la soirée, sans être trop ennuyés par l'activité ennemie, mais ce répit ne dura pas : vers 22 heures, quelques patrouilles allemandes essayèrent de s'infiltrer et déclenchèrent ici et là des combats qui se jouèrent au fusil et à la grenade avant que l'artillerie se remette à tonner. Ce fut le début d'un long séjour en ligne passé sous les bombes et la pluie, ainsi que dans le froid, la boue et le sang.

Le village d'Avaucourt juste après la guerre.

Le 12 avril, en descendant des premières lignes pour mettre son régiment en réserve sur les secondes, le colonel fit un simple bilan de ces six jours de combat : 12 morts et 98 blessés graves. Les hommes se remettaient doucement, tremblant encore d'une peur rétrospective lorsqu'ils regardaient en arrière, vers la ligne de feu d'où bouillonnaient les geysers des obus ; la vitesse de la lumière allant bien plus vite que celle du son, on les voyait toujours jaillir quelques instants avant d'être touché par l'onde de choc.

Le vaguemestre arriva, sa tenue relativement propre détonnant au milieu des mannequins de boue qui l'entourèrent aussitôt. Louis entendit son nom à trois reprises ; ses filles avaient, avec Mathilde, pensé plus fort à lui le jour de son anniversaire, là-bas en Quercy où le printemps s'épanouissait déjà alors que l'hiver lorrain se prolongeait encore. Il s'assit alors sur une caisse et ouvrit fébrilement les enveloppes avec ses mains sales. La petite Henriette lui avait écrit, la main guidée par celle de sa mère, « Cher Papa, moi aussi je veux faire comme Maman, je veux écrire de ma petite main que pour ton anniversaire je t'envoie beaucoup de baisers », tandis que son aînée lui envoyait « les meilleurs baisers de ta petite Lucienne qui t'aime bien ». Il resta pensif quelques instants... Ces lettres venaient d'un autre monde.

Carte envoyée par Lucienne à son père, le 02/04/1916.
(Coll. famille Varlan-Courtiol)

Deux jours après s'être installés sur les 2ᵉ lignes, qui étaient elles aussi sous le feu de l'artillerie mais évitaient aux soldats les combats au fusil, à la grenade et au couteau, Louis et ses camarades comprirent qu'ils n'étaient pas près de quitter le secteur et qu'ils allaient certainement remonter au feu sans trop tarder. Les Allemands continuaient toujours leur gigantesque effort, mais il était hors de question de les laisser passer. Le général de Bazelaire, qui venait le matin même de prendre le commandement du secteur, avait fait une déclaration qui ne laissait aucun doute sur le sujet : « ... dans la zone qui m'est confiée, qu'il soit bien entendu qu'on ne perde pas un pouce de terrain. Au contraire, par une offensive constante, on progressera toujours. Que chacun fasse son devoir dans cette idée que le Boche ne passera pas et qu'on le battra… » Au moins, ça avait le mérite d'être clair ; c'était logique même, mais il est probable que les mots « offensive constante » firent frémir les milliers d'hommes qui, contrairement à ce brave général, savaient ce que signifiait enjamber le parapet pour se jeter dans le champ de tir de l'ennemi.

Le 18 avril, le 83ᵉ repartit sous les obus prendre les premières lignes au réduit d'Avaucourt. Les hommes étaient presque aussi épuisés qu'à la descente, six jours plus tôt : il était impossible de se reposer lorsqu'on dormait, grelottant, dans la boue, sans aucun abri véritable pour se protéger de la pluie battante, et qu'il fallait de plus travailler à renforcer les positions du matin au soir. Ils marchaient d'un pas lourd avec leurs chaussures prises dans une gangue de fange, accablés par leur barda et le poids de leurs vêtements trempés et boueux. Parfois, trop épuisés, ils ne se baissaient même plus lorsqu'ils entendaient un obus arriver et qu'il éclatait à quelques dizaines de mètres d'eux en projetant d'énormes paquets de boue.

Ils se réinstallèrent dans les mêmes positions que celles qu'ils avaient prises lors de leur première montée au bois d'Avaucourt, mais ils ne reconnurent pas le secteur tant il avait été retourné par l'artillerie. Ils reprirent cependant aussitôt contact avec l'innommable réalité du champ de bataille de Verdun : la boue omniprésente, les débris humains épars et le déchaînement industriel des meilleurs moyens de tuer, mutiler et broyer qui pouvaient exister.

Après être tombée sans discontinuer durant plusieurs jours, la pluie laissa place à la neige et il fallut attendre le 26 avril pour voir le beau temps revenir. L'arrivée du soleil n'améliora pas la situation des fantassins français, car elle permit aux avions observateurs d'artillerie de prendre l'air et de mieux régler les tirs : la tempête d'acier devint alors inouïe. Deux jours plus tard, trois projecteurs géants furent installés pour aider à la surveillance nocturne de la ligne allemande ; leurs longs rayons balayant le terrain bouleversé au milieu des explosions et des lueurs des coups de feu ne firent que rajouter à l'infernal surréalisme du champ de bataille.

Durant les premiers jours de mai, l'activité s'intensifia encore et une violente attaque fut lancée contre les lignes ennemies, mais elle échoua lamentablement ; il s'en suivit une nouvelle période de bombardement qui bouleversa une fois de plus la physionomie du réduit d'Avaucourt. C'est à ce moment, après 26 jours passés en ligne, que Louis et ses camarades furent envoyés au repos juste en arrière du front. Cette fois, le colonel ne fit pas le détail des morts et des blessés…

Après six jours de « repos » que les hommes passèrent comme d'habitude en travaux et en corvées, le 83e remonta une nouvelle fois au réduit d'Avaucourt. Ses soldats y retrouvèrent les tourments qui, désormais, leur étaient habituels. Si, durant leur précédent séjour en ligne, ils avaient pensé avoir touché le *summum* de la souffrance et de l'horreur, ils s'étaient trompés : la chaleur printanière, si elle peinait à redonner vie à la végétation, accentuait la pourriture des cadavres et des débris humains qui tapissaient la surface terreuse, tandis que les pluies formaient d'immondes ruissellements pestilentiels qui serpentaient entre les replis du terrain ; ils finissaient par s'écouler dans les trous d'obus en y formant des mares à la couleur et à l'odeur indéfinissables dans lesquelles des milliers de rats venaient s'abreuver ; dans le ciel, les avions ennemis s'étaient fait plus nombreux et ils s'abattaient comme autant de moustiques sur l'infanterie française, la mitraillant et l'accablant de bombes ; le 21 mai, il y en eut ainsi 14 qui s'acharnèrent sur la zone du réduit.

Le 27 mai, Louis et ses camarades quittèrent le réduit et prirent le chemin du village de Verrières-en-Hesse, à moins de cinq kilomètres en arrière de la ligne de feu. Les trois jours de répit qu'on leur accorda furent cette fois passés à édifier de toutes pièces deux camps destinés à abriter des troupes : il fallut porter des poutres, scier des planches, planter des clous et, même si les hommes travaillaient sans ardeur, ils ne se reposaient pas. De nombreuses unités passaient à Verrières avant de monter prendre leurs positions ou en redescendant au repos, ce qui y attirait naturellement les tirs de l'artillerie allemande, tandis que le vacarme continuel de la bataille y résonnait en permanence : la tension morale des soldats restait toujours à un niveau très élevé.

Le 31 au soir, les gars du 83e posèrent pelles, scies et marteaux pour reprendre leurs fusils et remonter au réduit maudit. La montée en ligne se fit cette fois dans une ambiance particulière, car il régnait un calme inaccoutumé sur le secteur d'Avaucourt : les obus explosaient de façon assez espacée, dévoilant durant de courts instants toute l'horreur du champ de bataille et les faces livides des soldats qui descendaient de l'enfer à ceux qui y montaient. Louis et son escouade s'installèrent dans des trous d'obus entourés de débris divers et se mirent à travailler et à veiller : il fallait essayer de renforcer les positions et se préparer à recevoir les Boches, car l'accalmie ne durerait pas. De fait, elle cessa le lendemain soir lorsque les Allemands réouvrirent le bal en lançant une violente attaque à la grenade.

Louis craignait tout particulièrement les « *minen* », ces lourds projectiles tirés par l'artillerie de tranchée allemande ; le 2 juin, un de ces obus tomba sur sa position et tua net l'un de ses camarades en faisant exploser les grenades amorcées qu'il portait, dont un des petits éclats vint se ficher dans son dos. Il ne put se faire soigner immédiatement : à Verdun, cette blessure n'était pas suffisante pour autoriser une évacuation, aussi quelques soins donnés au poste de secours furent-ils jugés suffisants. Malgré tout, c'était la troisième fois que Louis recevait du métal dans le corps depuis le début des hostilités.

Il serait monotone de raconter par le détail la suite de l'infernal séjour de Louis sur le champ de bataille de Verdun, entièrement passé à la défense du réduit d'Avaucourt. Entre deux périodes en premières lignes, il alla au camp de Verrières du 7 au 13 juin, puis quitta définitivement la zone le 24, son régiment étant relevé par le 209e d'Infanterie. Il avait passé presque trois mois en enfer ; il avait cru mourir 100 fois et était passé si près de la capture qu'il s'était débarrassé de toutes les lettres que ses amis mobilisés lui avaient écrites depuis tous les secteurs du front. Affaibli physiquement par les efforts continuels et une alimentation déséquilibrée, moralement par une tension nerveuse portée à son paroxysme durant des semaines, il puait affreusement et était couvert de vermine. Il ne tenait plus que par l'idée qu'il reviendrait un jour au pays, là-bas en Quercy où l'attendaient Mathilde, ses petites, sa mère et les amis. En ce début d'été, le soleil commençait à taper fort ; que n'aurait-il pas donné pour se débarrasser de ses affreux oripeaux et se jeter nu dans la Dordogne ?

24 juin 1916

Jean-Pierre toussait si violemment qu'il avait l'impression de s'arracher les poumons à chaque quinte. L'infirmier lui demanda ses antécédents médicaux et nota les problèmes de pieds gelés qui l'avaient déjà affectés par deux fois, puis lui dit d'attendre le médecin. Lorsque ce dernier arriva enfin, il regarda rapidement la fiche récapitulative avant de l'ausculter ; après avoir réfléchi quelques instants, il nota « évacuable » au bas de la fiche. Bien que souffrant énormément, Jean-Pierre ne pouvait s'empêcher de penser que cette maladie allait lui permettre de s'éloigner du front pendant un temps.

Verdun

Quelques mois plus tôt, fin février, son régiment, qui tenait toujours les premières lignes dans le secteur de Han-sur-Meuse, avait subi la violente intensification des tirs d'artillerie qui frappait tout le saillant meusien, que les Allemands essayaient de réduire à Verdun. Les conditions du combat avaient été extrêmes car, le temps étant au froid, à la pluie et à la neige, les tranchées étaient remplies d'une eau glacée dans laquelle les hommes pataugeaient en permanence ; il était naturellement hors de question de quitter la protection fournie par ces abris, car les Boches multipliaient les patrouilles et venaient souvent tâter les défenses françaises. Au créneau ou dans la sape, les pieds de Jean-Pierre stagnaient en permanence dans les brodequins humides qu'il ne pouvait enlever ; fragilisés par leurs gelures de l'hiver précédent, ses pieds ne purent résister longtemps aux températures négatives et gelèrent à nouveau. Jean-Pierre senti venir le mal, car au bout d'un moment la douleur du froid commença à s'estomper pour progressivement laisser la place à l'anesthésie du gel, mais qu'aurait-il pu faire ?

A nouveau incapable de marcher, des camarades l'aidèrent à se rendre au poste de secours, où on lui ôta ses chaussures pour lui réchauffer les pieds. Il remarqua alors qu'ils avaient pris la même teinte blanchâtre que lors de leur précédente gelure, aussi se prépara-t-il à endurer la douleur qui allait immanquablement suivre. Elle arriva vite et il n'eut plus qu'à la subir, rien ne pouvant le soulager, pas même l'alcool que lui avait passé un infirmier et qui parvenait tout juste à l'atténuer.

Lorsqu'on le mit sur un brancard pour le transporter vers l'arrière, il se fichait pas mal de savoir là où on allait l'emmener pour le soigner, mais il n'imaginait pas que ce serait ailleurs que vers le midi. Le train sanitaire dans lequel il fut placé se dirigea effectivement vers le sud, mais en fait il n'alla pas plus loin que Neufchâteau, dans les Vosges. Là, il fut débarqué avec quelques compagnons d'infortune et transporté jusqu'à l'Hôpital Temporaire n°7, qui avait été installé dans cette ville.

Loin de ses camarades, une nouvelle fois entouré d'inconnus, Jean-Pierre avait perdu ses repères ; il languissait de plus en plus et pensait continuellement à son village. Sa mélancolie était d'ailleurs déjà particulièrement forte avant son évacuation : il avait plusieurs fois reproché à Thérésine et à Paul de ne pas lui écrire assez souvent ; ceux-ci pourtant lui envoyaient une lettre quotidienne, mais le service postal était parfois irrégulier et il arrivait que, pendant plusieurs jours, Jean-Pierre n'en reçoive aucune ; durant ces périodes, lorsque son moral était plus bas que d'habitude, au fond de sa tranchée ou de sa sape loin du monde des vivants, il lui était souvent arrivé d'avoir l'impression qu'on l'oubliait, là bas, au pays.

Depuis la salle n°1 où il avait son lit, il regardait parfois à l'extérieur et fixait longuement le personnel de l'hôpital qui allait et venait autour des bâtiments. Oui, ces gens voyaient des horreurs, certains avaient peur pour leurs proches qui se trouvaient sur le front, mais ils dormaient dans des lits, n'avaient jamais froid et mangeaient toujours chaud… Que n'aurait-il pas donné pour vivre comme eux ? Pour être chez lui, comme ces civils de Neufchâteau… Il n'y avait que des vieux ou des gamins imberbes trop jeune pour être mobilisés… C'était sans doute de bons petits gars, comme son fils Paul, et il fallait espérer que la guerre se terminerait avant qu'ils soient en âge d'être incorporés… L'idée le fit profondément frissonner, mais l'entrée des infirmières dans la chambre interrompit ses sombres pensées tout en lui faisant monter des bouffées de chaleur à la tête : on allait, comme chaque jour, lui « peler » les pieds pour en enlever les peaux mortes et refaire les pansements sur les chairs à vif.

Cela faisait presque deux semaines qu'il était hospitalisé lorsqu'on lui apporta un courrier de Paul. Lorsqu'il l'avait écrit, le 7 mars, le jeune homme n'était pas encore au courant de la blessure de son père, mais il savait en revanche que ce dernier ne lui disait pas tout sur sa vie au front. Comme une grande partie de ses camarades, Jean-Pierre avait gardé l'habitude de dire à sa famille qu'il était toujours en bonne santé et que son secteur n'était pas trop exposé, mais il avait écrit assez franchement à l'un de ses camarades qui se trouvait en permission ; celui-ci, qui était du même coin que lui, avait montré le courrier à Thérésine et à Paul tout en leur expliquant les terribles conditions dans lesquelles se trouvaient les hommes du 131e Territorial. La conclusion du jeune Paul fut simple et sobre : « d'après tout cela, je veux bien croire que vous êtes fatigués d'être là, mais que veux-tu il faut quand même y rester… ». Que pouvait-il d'ailleurs écrire d'autre ?

Les gelures, qui étaient bien moins graves que celles de l'année précédente, se soignèrent plutôt bien et le médecin put remplir le billet de sortie de Jean-Pierre dès le 20 mars. C'était cependant un peu prématuré, mais toutes les forces disponibles devaient rejoindre le front. Il comprit pourquoi en retrouvant son régiment, dont le secteur était sous le feu continu des batteries allemandes : 52 obus de 150 étaient par exemple tombés le 24 mars sur les cantonnements de Kœur-la-Petite où, par chance, un seul blessé avait été à déplorer. Il retrouva sa compagnie et sa section et fut immédiatement remis au travail, car les positions bouleversées par les explosions devaient être réparées et renforcées.

Tout le mois d'avril se passa ainsi à exécuter un travail de forçat sous les bombardements, tout en ayant parfois à repousser les patrouilles allemandes qui venaient de temps à autre tâter le dispositif français. Jean-Pierre avait du mal à suivre le rythme, car non seulement la cicatrisation de ses pieds était incomplète, mais il devait de plus rester chaussé en permanence durant des jours avec des brodequins toujours humides à cause de l'eau qui stagnait un peu partout.

Il repensait parfois à la lettre que lui avait envoyée sa femme le 19 mars et qu'il avait reçue bien après son retour au front : dans cette missive, Thérésine, qui était persuadée qu'il bénéficierait d'une convalescence en quittant Neufchâteau, lui avait écrit qu'elle espérait qu'il la passerait au dépôt de Cahors, comme l'année précédente ; elle cherchait déjà à savoir quel médecin s'occuperait de le soigner... Elle avait dut être tellement déçue en apprenant qu'il ne viendrait finalement pas...

La situation se calma à partir du 18 mai, mais on continua néanmoins à durement travailler aux tranchées. Les hommes étaient à bout et un événement vint tirer la sonnette d'alarme dans les états-majors : un poste complet fut capturé par une forte patrouille ennemie, vraisemblablement à cause de la fatigue de ses défenseurs, qui s'étaient tous endormis. Le général commandant la division prit la mesure de la situation et ordonna que l'on n'envoie plus travailler les hommes qui se trouvaient « au repos » : leur repos, justement, devait être total. La mesure ne concernait cependant pas toutes les activités : dans ces régions où une grande partie de la main-d'œuvre agricole avait été évacuée ou mobilisée, les territoriaux devaient aider la population aux travaux des champs lorsqu'ils n'étaient pas en ligne.

Les bombardements reprirent le 7 juin, bien que de façon plus modérée qu'en février, mars et avril, mais Jean-Pierre était au bout du rouleau et ce fut suffisant pour briser ses dernières résistances : affaibli par sa blessure mal guérie, il s'était éreinté au travail tandis les changements de temps, assez fréquents en cette saison, lui avaient provoqué une forte bronchite : inapte à toute activité, militaire ou autre, c'est dans un état de décrépitude avancée qu'il fut conduit au poste de secours.

Ô mon pays

L'examen de Jean-Pierre ne fut qu'une rapide formalité pour le médecin de son bataillon : que pouvait-il faire d'autre que d'ordonner l'évacuation d'un homme qui, en temps normal, aurait dû tenir le lit depuis déjà un mois au moins ? Il n'était cependant pas mutilé et le praticien, pensant que sa bronchite pouvait très bien être soignée non loin du front, ne l'envoya pas dans un hôpital de l'arrière mais dans une simple ambulance, sorte de grosse infirmerie mobile faite de tentes et de baraquements et située juste en arrière de la zone des combats.

Un poste de secours en Argonne, non loin de Verdun.

Les conditions sanitaires des ambulances étaient déplorables, malgré les efforts du personnel, car des blessés sales et sanguinolents y arrivaient quotidiennement par dizaines et leurs soins généraient des tonnes de déchets, entre membres amputés, pansements couverts de vermine et chiffons imbibés de sang, auxquels il fallait ajouter les déjections et les rebuts de cuisine ; on arrivait à peu près correctement à se débarrasser des eaux usées en les épandant dans les champs ou en utilisant de gros puisards mais, avec les chaleurs estivales, c'était largement insuffisant pour empêcher la prolifération des mouches et des rats, qui résistaient à tout.

L'ambulance 11/21, où Jean-Pierre avait été envoyé, était à Ourches-sur-Meuse, un petit village entouré de cultures. Au milieu des effluves de gangrène et de mort, il arrivait parfois à saisir furtivement l'odeur des foins que les paysans du coin, aidés par des territoriaux, coupaient dans les champs alentours ; son esprit prenait aussitôt la route du Sud-Ouest et il imaginait alors sa famille participant aux fenaisons et repensait à toutes les moissons qu'il avait vécues avant la guerre. Quant aux pauvres hères que l'on entendait gémir dans leurs lits ou hurler dans les salles d'opérations, ils lui renvoyaient l'image de ses camarades, qui continuaient à endurer les tirs d'artillerie, une vingtaine de kilomètres un peu plus au nord. Il leur avait écrit pour leur donner quelques nouvelles et c'est son ami Roberty qui lui avait répondu, lui apprenant notamment la mort de Joseph Agut, un de leurs bons copains : c'était un gars qui s'était toujours distingué par sa gentillesse et sa riante bonne humeur ; grièvement touché en ligne, il avait été évacué mais était mort de ses blessures à l'hôpital de Commercy, âgé de 43 ans.

Jean-Pierre était lui bien vivant, même s'il se trouvait dans un village étrange où, ici et là, quelques bien-portants apparaissaient comme des anomalies au milieu de centaines de mutilés, de blessés et de malades. Devait-il maudire ses gelures et sa bronchite, qui l'avaient tant tourmenté, alors que, grâce à elles, il avait peut-être évité la balle ou l'obus funeste ? Et si ses souffrances n'avaient été que le prix à payer pour lire ces quelques lignes de Thérésine : « Irène va tous les jours à l'école mais il lui tarde bien que tu puisses venir la voir ; tous les soirs quand elle arrive, s'il y a une lettre, elle regarde de suite si tu annonces ton arrivée »…

Ô mon pays

L'espoir s'éloigne

24 juillet 1916

Cela faisait maintenant plus de quatre mois que Gabriel était prisonnier en Allemagne. Au début de sa captivité, il avait réussit à rester avec Albert Cournac et c'est ensemble qu'ils avaient marché au milieu du long serpent formé par les colonnes de captifs encadrées par des Allemands en *felgrau* et casque à pointe. On les avait menés jusqu'à une gare perdue où ils avaient été embarqués dans un wagon à bestiaux dans lequel ils avaient ensuite voyagé tassés comme des sardines jusqu'à Dülmen, en Westphalie. Là, ils avaient débarqué et avaient été internés au camp de prisonniers de guerre installé à proximité de la ville.

Les deux jeunes hommes avaient découvert le grand espace couvert de constructions en bois et entouré de hautes clôtures de barbelés qui constituaient le *Gefangenenlager Dülmen.* Il y avait plusieurs dizaines de baraques longues de cinquante mètres et large de dix, contenant chacune dans les 250 hommes, qui s'alignaient dans le camp ; les prisonniers restaient organisés militairement et Gabriel fut affecté à la 3ᵉ compagnie du groupe n°3, qui était logée dans le baraquement n°30 A. Il y avait là des gars de tous les régiments et de toutes les régions de France. Ses nouveaux camarades de chambre le mirent rapidement au courant des problèmes auxquels il allait devoir faire face, et notamment celui de la nourriture insuffisante, tout comme ils lui indiquèrent les modalités pour l'envoi des colis et autres choses pratiques qui pourraient lui faciliter la vie.

Gabriel était amer : l'idée de tomber aux mains de l'ennemi l'avait toujours rebuté et il se retrouvait maintenant bien loin de son Pontcirq natal avec la certitude de ne pas le revoir avant de longs mois. Il écrivit de suite à ses parents pour leur demander ce dont il avait besoin, suivant les conseils de ses camarades d'infortune ; désormais, il ne risquait plus la mort, aussi ne jugea-t-il pas utile de les ménager comme il le faisait d'habitude ; il n'en était d'ailleurs pas d'humeur : après les avoir succinctement rassuré sur sa santé, il leur demanda de façon impérieuse de lui envoyer « un colis de pain par semaine et un autre avec quelque chose pour le manger, car il vaut mieux en faire deux ».

Colonne de prisonniers de guerre français en Allemagne.

Le jeune garçon n'était pas resté longtemps au camp de Dülmen, où se faisait surtout le triage des prisonniers, car moins d'un mois après son arrivée il avait été désigné pour faire partie d'un groupe affecté dans un autre lieu de détention. Albert Cournac n'en était pas, il allait rester à Dülmen et Gabriel lui dit adieu avec émotion ; les conversations qu'il avait eues avec son ami, ainsi que sa présence, avaient toujours été comme des liens qui le rattachaient solidement au pays. Désormais, malgré la foule des prisonniers qui l'entourait, il allait se sentir encore un peu plus seul et loin de chez lui.

Le wagon à bestiaux dans lequel il embarqua fut mené jusqu'à Görlitz, en Silésie, où se trouvait un camp de travail rattaché au camp de prisonniers de Sagan. Paysan, Gabriel fut affecté à une grosse exploitation agricole où il dut travailler du matin au soir ; il en fut plutôt satisfait, car le propriétaire était avenant et cela lui permettait de quitter les tristes alignements des baraques entourés de barbelés. Il se retrouva aussi un peu mieux loti qu'à Dülmen sur le plan de la nourriture, aussi demanda-t-il à ses parents, qui avaient eut à cœur de lui faire parvenir des vivres en abondance suite à ses premiers courriers de

L'espoir s'éloigne

captif, de ne pas en envoyer autant ; il leur précisa néanmoins quelques besoins, comme des petits pois, des chaussettes, des savonnettes, du tabac... Ainsi qu'un képi réglementaire, car il tenait malgré sa captivité à garder l'allure d'un soldat français, que ce soit par rapport aux Allemands ou aux autres prisonniers russes, belges, italiens et roumains.

Albert Cournac avec un groupe de prisonniers, après avoir été séparé de Gabriel.
(Albert est marqué d'un « X ». Coll. Jean-Pierre Carles)

La vie était monotone, les jours se suivaient et se ressemblaient tous, et l'ennui qui tint Gabriel durant le printemps apparut à travers sa correspondance, car il écrivit alors beaucoup moins fréquemment qu'avant sa capture. L'arrivée de l'été et du beau temps lui remis cependant un peu de baume au cœur et il se remit à demander à ses parents des nouvelles des uns et des autres, et à les questionner sur les affaires de la ferme familiale. Ce regain de vigueur ne put que réconforter les époux Dubreil. Certes, ils savaient leur enfant hors de danger et il est probable que le père qui, adjoint au maire, avait déjà eu la lourde tâche d'annoncer à leurs proches la mort au front de plusieurs jeunes de la commune, mesurait toute la chance qu'il avait ; la guerre était finie pour eux, leur bien le plus précieux était à l'abri et, après un an et demi de front dans l'infanterie et une blessure, qui pourrait dire qu'il n'avait pas fait son devoir ?

Ô mon pays

Même quelque peu rassurés sur le sort de leur fils, les époux Dubreil ne l'avaient pas vu depuis des mois et des mois et il faut bien dire que ses lettres n'avaient jamais été riches en détail sur sa vie quotidienne… Et maintenant il était là-bas, au-delà du mur de feu, dans un pays inconnu et à la merci de ces furieux Allemands… Tout ce qu'ils pouvaient faire, c'était lui envoyer ce dont il avait besoin, que ce soit ces jambons, ces saucissons et ces conserves de poulet qu'ils faisaient spécialement souder, ou ces paquets de tabac qu'il réclamait avec insistance ; sa mère trouvait qu'il fumait beaucoup -trois paquets par semaine !- mais qu'importe, elle lui faisait parvenir les quantités qu'il demandait, accompagné de tout un tas de petites choses qu'elle achetait dès qu'elle le pouvait, pensant qu'elles lui seraient utiles ; son fils lui écrivait souvent que ce n'était pas nécessaire, mais elle le faisait quand même. Avec son mari, ils ne pouvaient s'empêcher non plus de lui envoyer des mandats internationaux, bien qu'il leur ait écrit qu'il n'avait pas grand besoin d'argent.

Gabriel et quelques-uns de ses camarades de captivité au camp de Görlitz.
(Gabriel est à l'extrême droite. Coll. famille Chatain)

En plus des envois de ses parents, Gabriel pouvait compter sur ceux d'autres membres de sa famille. Tout le monde était satisfait qu'il ait été fait prisonnier car, comme le disait sa cousine Léontine Soulignac, « ainsi il sera à l'abri des balles et ses parents auront l'espoir de le revoir ».

L'espoir s'éloigne

Gabriel s'habituait un peu à sa nouvelle vie et les travaux des champs qui l'occupaient depuis le début de l'été faisaient que le temps passait plus vite. Il aimait cette période des fenaisons et, parfois, en humant l'odeur du foin coupé, l'espace et le temps disparaissaient : il se retrouvait alors au pays, à une autre époque, pendant une ou deux secondes. Le soir dans la baraque, avec le compagnon d'infortune affecté à la même ferme et paysan comme lui, ils mettaient les contenus de leurs colis en commun et préparaient leur dîner, avant de l'avaler puis de discuter de la fin de la guerre en fumant.

Intérieur d'une baraque de prisonniers français, Allemagne 1916.

Avec août arrivèrent de très fortes pluies ; elles s'arrêtèrent brusquement pour laisser la place à une chaleur étouffante qui dura quelques jours, puis repartirent de plus belle. Les caprices de ce climat continental agaçait prodigieusement Gabriel, qui qualifiait ce temps de « dégoûtant » : soit tout était trempé par la pluie, soit l'air était moite, humidifié par l'évaporation provoqué par les fortes chaleurs. Quel contraste avec la douceur du Quercy ! Certes, l'été y était chaud, mais les pluies, si elles y apportaient parfois quelques touches de fraîcheur, étaient loin d'être assez abondantes pour transformer les vallées en bains de vapeur. D'ailleurs, d'après ce que lui disaient ses parents, elles étaient cette année bien trop faibles et les raisins allaient certainement rester petits. Comme toujours, Gabriel pensait souvent à eux et les plaignait d'avoir à faire marcher l'exploitation sans l'aide de ses jeunes bras ; il leur avait conseillé de se ménager, de vendre du bétail pour rentrer quelques liquidités ou de demander un prisonnier allemand à l'administration pour les aider, mais ils n'en avaient rien fait.

La fin de l'été approchait. Gabriel et son camarade étaient employés à faucher le regain, qui ici poussait aussi fort que le foin en Quercy. Ils étaient très bien traités par la famille allemande qui les employait ; Gabriel avait reconnu dès le début que ce n'était pas de mauvaises personnes et, les semaines passant, sa méfiance s'était envolée et il avait noué des relations cordiales avec eux : dans la lettre qu'il écrivit à ses parents le 17 septembre 1916, il leur demanda de lui envoyer quelques-uns des raisins qu'ils venaient de récolter afin de les faire goûter à ses « hôtes ».

Malgré les relations nouées avec les propriétaires, Gabriel restait un prisonnier privé de liberté et forcé au travail qui languissait de son pays, et ce d'autant plus que l'hiver silésien approchait à grands pas et qu'il promettait d'être rude. Certainement averti par les Allemands de la ferme, il écrivit à ses parents de lui envoyer les effets dont il allait bientôt avoir besoin : casquette à rabats, chandail, etc… Sans oublier de leur demander, comme d'habitude, des paquets de tabac car, leur disait-il, « fumer était sa seule distraction ».

29 septembre 1916

Louis attendait sa permission avec impatience. Cela faisait plus de huit mois qu'il n'avait pas vu sa famille et il craignait qu'un ordre d'attaque ou de changement de secteur vienne perturber les départs et retarde sa venue en Quercy. Il se trouvait alors en Champagne, où le 83e tenait les tranchées depuis le début du mois de juillet.

Après avoir quitté Verdun, son unité avait été transportée en camion jusqu'à Sarry, non loin de Châlons-en-Champagne, où les hommes avaient enfin pu véritablement se reposer. Ce n'était pas un luxe, car l'état général de la troupe était particulièrement mauvais. Se remettant doucement du formidable abrutissement causé par le terrible séjour passé sur le front meusien, Louis et ses camarades survivants avaient pris conscience des vides laissés par les centaines de morts et de blessés que le régiment avait perdus ; il leur était impossible d'avoir des conversations où ne revenaient pas les noms de plusieurs copains qu'on ne reverrait plus jamais. Leurs visages restaient profondément marqués par les épreuves et certains avaient même vu leurs cheveux blancs se

L'espoir s'éloigne

multiplier. Au milieu d'eux, les jeunes soldats qui venaient d'arriver du dépôt détonnaient avec leurs tenues neuves et leurs visages juvéniles.

Le repos n'avait pas duré longtemps car, dès le 29 juin, le 83e avait commencé à faire mouvement pour se rapprocher du front avant de prendre les premières lignes le 1er juillet sur la butte du Mesnil (commune de Mesnil-les-Hurlus, Marne). Il avait fallu se remettre au travail, piocher, pelleter et manier les étais de bois pour renforcer les tranchées, aménager de nouveaux abris ou réparer les réseaux de barbelés, mais Louis ne se plaignait pas : comme il l'écrivit à Mathilde dans une de ses lettres, son moral était meilleur qu'à Verdun car le secteur était beaucoup plus calme et il lui semblait qu'il avait désormais plus de chances de pouvoir la rejoindre un jour. Le calme dont il parlait était cependant tout relatif : des coups de main, tant français qu'allemands, avaient lieu de temps à autre et il arrivait que les deux artilleries s'affrontent dans de violents duels qui faisaient pleuvoir des tonnes d'acier sur les premières lignes. Malgré cela, son seul souhait était de rester dans cette zone tant que la situation y restait telle quelle… C'était le simple souhait d'un homme qui, bien qu'innocent, était satisfait de se retrouver au purgatoire après avoir quitté l'enfer…

Vue des positions de la butte du Mesnil, en Champagne.

Ô mon pays

Avec ses camarades, ils parlaient souvent de la fin de la guerre et envisageaient leur retour à une vie normale. De l'avis de tous, leur réadaptation au monde civil ne poserait pas de sérieux problèmes, malgré le fait qu'ils avaient vécu de longs mois coupés du monde et dans des conditions extrêmes. Sans doute se berçaient-ils d'illusions, mais en parler leur faisait du bien et leur redonnait un peu d'espérance ; ils avaient tellement souffert qu'ils ne pouvaient plus mettre de mots sur leur désespoir et, pour Louis, seul le souvenir des baisers de sa femme et de ses filles, avec l'idée qu'il en recevrait encore, lui permettait de tenir en lui donnant la force de vouloir vivre encore. Quel bonheur ce serait lorsqu'il pourrait enfin les prendre dans ses bras, lors de sa prochaine permission !

Mathilde lui rendait bien cet amour à distance : elle n'avait pas cessé de lui écrire une lettre chaque jour, quand ce n'était pas deux, les rédigeant parfois le soir de peur de manquer de temps le matin avant le passage du facteur ; elle lui racontait comment les filles s'amusaient en gardant les moutons, louait l'aide que lui apportaient les voisins et surtout, par les tournures de certaines de ses phrases, lui faisait sentir avec délicatesse et simplicité toute l'importance qu'il avait pour elle.

Louis resta dans le secteur de la butte du Mesnil jusqu'au 13 août, lorsque son unité fut relevée par des gars du 115e d'Infanterie. A peine redescendu des lignes, il fut embarqué en camion et transporté au nord des deux Mourmelon, le Grand et le Petit, où son régiment fut affecté au sous-secteur dit « de la ferme de Moscou » ; il fut satisfait de voir son bataillon mis en réserve sur les deuxièmes lignes : c'était toujours ça de gagné...

Quelques jours plus tard cependant, ce fut à son tour d'aller prendre les premières lignes. En y arrivant, il remarqua avec une sorte de soulagement que le terrain était beaucoup moins bouleversé que dans le secteur de la butte du Mesnil et, à plus forte raison, que dans celui de Verdun. Les jours précédents, quand son unité était en réserve, il s'était rendu compte que le canon tonnait assez peu et que les fusillades étaient relativement espacées. En fait, la situation dans cette zone était pratiquement inchangée depuis septembre 1914, car aucune opération d'envergure n'y avait été tentée, ni par les Français, ni par les Allemands. Les seuls faits importants qui s'étaient précédemment produits avaient été de fortes attaques par les gaz, et notamment celles d'octobre 1915 ; cette menace inquiétait fortement le chef de corps et l'état-major du régiment,

L'espoir s'éloigne

car le régime des vents dominants était particulièrement favorable à l'ennemi pour ce genre d'action.

Ruines de la ferme de Moscou, en Champagne.

Pour l'instant, les Allemands ne faisaient pas mine d'attaquer et leur activité restait à un niveau assez bas. Le moral de Louis remontait, car en plus du calme régnant sur cette partie du front, il se sentait beaucoup plus en sécurité qu'il ne l'avait jamais été : contrairement à ce qu'il avait connu précédemment, où les positions des Allemands étaient parfois si proches qu'on entendait leurs conversations, les premières lignes ennemies étaient ici éloignées de 300 à 500 mètres, à l'exception d'un petit poste d'écoute à 150.

Les Boches étaient cependant bien fortifiés, aussi les gars du 83e ne restèrent pas à simplement garder les tranchées : il fallut une nouvelle fois peiner comme des forçats pour renforcer les positions, creuser des abris, aménager des postes de mitrailleuses et des dépôts de vivres… Avec la chaleur estivale et la poussière dégagée du terrain crayeux par les travaux, qui s'insinuait partout, les conditions de travail étaient particulièrement difficiles.

Secteur calme ou pas, c'était la guerre : toutes les nuits, des reconnaissances étaient envoyées chercher des renseignements sur les positions ennemies mais, pour ceux qui avaient connu Verdun et les plus terribles engagements du conflit, ces actions réalisées dans une zone aussi préservée prenaient parfois les allures d'un grand jeu. Lors d'une de ces opérations, deux patrouilles, dont l'une était composée d'hommes de la compagnie de Louis, réussirent à pénétrer les défenses avancées de l'ennemi et y plantèrent deux grandes pancartes où était écrit « *Deutschland unter alles* »[13] sur la première et « *Ergeben sie sich kein gefahr* »[14] sur l'autre. Les Allemands répondaient mollement à ces provocations : des obus lourds tombaient de temps à autre sur les cantonnements à l'arrière tandis que leurs mitrailleuses lâchaient quelques rafales de temps à autre.

Louis (à gauche) et un camarade, en 1916.
(Coll. famille Varlan-Courtiol)

Cette guerre en mode mineur sembla prendre fin le 18 septembre. Ce jour-là, à partir de 8 heures du matin, un véritable déluge d'obus d'artillerie de tous calibres, 77, 105, 130 et 150, ainsi que de *minenwerferen*, s'abattit sur les positions du 83e ; il se calma à deux reprises, de 11 à 13 heures et de 17 à 18 heures, pour à chaque fois reprendre de plus belle. Tandis que les canons français répliquaient rageusement, Louis et ses camarades montèrent en renfort aux premières lignes pour s'opposer à l'assaut d'infanterie qui allait immanquablement suivre cette préparation d'artillerie. Sous l'effet des explosions, les tranchées s'écroulaient et des brèches s'ouvraient dans les

---

[13] « L'Allemagne au-dessous de tout », par référence et en opposition à « *Deutschland über alles* », « l'Allemagne au-dessus de tout », titre de l'hymne national allemand.
[14] « Il n'y a aucun danger ».

L'espoir s'éloigne

réseaux de barbelés mais, contre toute attente, les Allemands n'en profitèrent pas pour attaquer et le bombardement se calma progressivement à partir de 18 heures 30, laissant la place à des tirs sporadiques de mitrailleuses, qui cessèrent finalement à l'aube.

Alors que le soleil se levait et que le calme s'installait sur le *no man's land*, Louis était resté crispé sur son fusil, les yeux rivés sur les tranchées ennemies où rien pourtant ne se passait. Plusieurs heures étaient ensuite passées avant qu'il ne se rende à l'évidence et qu'il laisse s'évacuer la tension qui lui nouait le ventre : il échangea alors quelques mots avec ses camarades, qui comme lui avaient attendu le choc de l'infanterie ennemie et les combats au fusil, à la grenade et à la baïonnette. Les officiers finirent par savoir le fin mot de cette préparation d'artillerie sans but et en informèrent leurs hommes : en fait, le bombardement n'avait été qu'une diversion destinée à détourner l'attention de la véritable attaque, qui, elle, avait eu lieu sur le secteur voisin tenu par la brigade du corps expéditionnaire russe, et avait été un sanglant échec. Peu importait à Louis : il était juste satisfait d'être toujours vivant et nota sur son carnet, avec un ton qui se voulait badin, « le 18 septembre ils nous passent un bon joli petit bombardement »…

Le secteur était ensuite retombé dans sa léthargie guerrière, uniquement troublée par les patrouilles nocturnes qui déclenchaient parfois quelques fusillades. Malgré les événements du 18 septembre, Louis n'avait aucune envie de quitter les lieux pour une autre zone du front ; il craignait tout particulièrement d'être envoyé sur la Somme, où une bataille similaire à celle de Verdun faisait rage. Pour lui, tout ce qui comptait, c'était de partir en permission mais, plus la date de son départ approchait, plus il craignait qu'un événement imprévu n'advienne et le retienne aux tranchées.

Il fut probablement inquiet lorsqu'on lui fit dire que son chef de section l'appelait mais, après qu'il l'eut salué, ce dernier le félicita : le colonel commandant la brigade lui avait accordé la Croix de Guerre. Il ne l'avait pas obtenu pour un fait d'armes particulier, mais pour son comportement exemplaire depuis le début du conflit : « très bon soldat consciencieux et dévoué. Blessé le 8 septembre 1914 et une 2e fois le 12 mars 1915 » ; dans sa compagnie, ils étaient 16 à avoir été ainsi blessés 2 fois depuis le début des hostilités. Louis était content et fier de sa médaille, qu'on lui remit cérémonieusement devant le front des troupes un matin du repos suivant…

Ô mon pays

Mais son obtention n'atténua en rien son envie de rentrer chez lui rapidement, bien au contraire.

Le 10 octobre arriva enfin. Après avoir salué les camarades de son escouade, Louis se dirigea vers l'arrière avec les autres permissionnaires de sa compagnie ; la peur de ne pas pouvoir partir ne le quitta qu'une fois qu'il fut assis dans un wagon et qu'il vit le paysage défiler de plus en plus rapidement. En arrivant à Paris, il était tout à la joie de revoir enfin les siens, ce qui ne l'empêcha pas de se sentir comme un intrus crasseux et pouilleux dans cette ville où les civils allaient et venaient, insouciants, et où les militaires avaient des uniformes propres. Qu'on était loin du front !

A la gare d'Austerlitz, il attendit six longues heures avant de pouvoir s'installer dans le train qui devait le mener vers le Sud. Puis, alors que la nuit commençait à tomber, il entendit le coup de sifflet du départ. Durant tout le trajet, Louis eut l'impression que le convoi roulait à une vitesse désespérément lente : Orléans… Vierzon… Limoges… Brive… Souillac… Enfin, il devina que le train s'engageait sur le pont qui enjambait la Dordogne et, à ce moment, se sentit véritablement rentrer chez lui. Après une douzaine de kilomètres, la locomotive commença à ralentir et il colla ses yeux à la vitre car il savait qu'il allait passer à côté de chez lui, mais la nuit était trop noire pour voir quoi que ce soit.

Trois minutes plus tard, il descendit du wagon et se retrouva sur le quai désert de la gare de Gourdon. Personne ne sachant exactement à quelle heure il allait arriver, on n'était pas venu le chercher, mais ce n'était pas grave : il n'y avait pas long de là à chez lui et il s'enfonça d'un bon pas dans l'obscurité et la fraîcheur automnale.

Au bout de quelques minutes, il commença à distinguer les formes de la ferme qui se dégageaient progressivement à la faible lueur des étoiles. En montant les marches du perron, il eut l'impression que le bruit fait par ses souliers cloutés sur la pierre allait réveiller toute la maisonnée. Rien ne bougea pourtant et il fallut qu'il frappe fortement la porte pour percevoir quelques mouvements à l'intérieur ; quelques secondes plus tard, il y avait un véritable brouhaha derrière la porte et, lorsque sa femme ouvrit, il vit les petites, qui ne tenaient plus en place, avancer presque timidement vers lui. Durant quelques secondes, ce fut comme si les tranchées, les horreurs et les souffrances n'avaient pas existé. Après les embrassades, Louis ne pensa plus qu'à quitter ses horribles frusques puantes et à se laver pour retrouver une allure civilisée. Il

L'espoir s'éloigne

était épuisé et aurait très bien pu se coucher comme il était, il avait l'habitude de dormir n'importe comment, mais il osait à peine toucher Mathilde et avait honte de sa saleté.

Les premiers jours qu'il passa à la Vergne Grande lui semblèrent irréels. Il vivait la douceur de Mathilde, les rires des petites, les bons plats de sa mère et les promenades aux champs comme des bonheurs presque nouveaux. Il y avait tant de temps à rattraper, tant de choses à faire… Mais il n'aspirait qu'à se laisser vivre un peu et profiter de la présence de ses proches ; pour le reste, il avait dix jours devant lui et, de toute façon, il n'y avait rien de bien important à faire si ce n'est faire avancer un peu le travail de la ferme et scier du bois pour l'hiver.

Passé la béatitude des deux ou trois premiers jours, il prit conscience que le temps passait, inexorablement. Il aurait voulu le freiner mais, à essayer de retenir chaque minute, il lui semblait qu'il ne faisait que l'accélérer. Au soir du quatrième jour, il fit le compte de ce qu'il avait fait durant cette première moitié de permission, et se dit sans doute qu'il pourrait en faire plus pendant la seconde. Peine perdue : le dernier matin fut là en un claquement de doigts.

Mathilde s'éloignait doucement, là-bas sur le quai. Les yeux de Louis passaient d'elle aux filles et à sa mère, et il les regarda jusqu'à ce que la courbe de la voie finisse par les cacher derrière les wagons, qui allaient de plus en plus vite. Quelques instants plus tard, il regarda sa ferme rapidement défiler de gauche à droite puis disparaître à la faveur de la courbe de la voie ; son cœur se serra alors un peu plus. Il resta silencieux un moment puis commença à discuter avec Antonin, un de ses voisins mobilisés qui, tout comme lui, remontait au front après avoir terminé sa permission.

Parti de Gourdon le vendredi 20 octobre dans l'après-midi, il ne rejoignit son régiment que le surlendemain au matin, car une grande partie des permissionnaires furent pour une raison inconnue retenus 24 heures à la gare de l'Est. Arrivé en retard, il craignait la sanction qui allait probablement tomber pour cette faute : dans certaines compagnies, les punis accomplissaient leur peine en première ligne et n'allaient pas au repos tant qu'elle n'était pas terminée ; à tout prendre, il préférait encore ça que d'être retardé dans le tour des permissions. D'un autre côté, son capitaine serait peut-être clément car les retardataires avaient été particulièrement nombreux et leur excuse était facilement vérifiable. C'est finalement ce qui se passa : avec ses camarades, ils attendirent en vain la punition car leur commandant d'unité, contrairement à certains de ses homologues, laissa discrètement mourir l'affaire.

Le secteur n'avait pas changé durant sa courte permission, mais le temps était revenu au froid. Durant les dix jours qui suivirent son retour, il reprit comme auparavant la garde des tranchées et les travaux d'aménagement tandis que la zone restait relativement calme. Début novembre, le commandement décida de faire harceler les positions de l'ennemi pour le forcer à les renforcer en dévoilant ses troupes, dans le but de mieux les bombarder. Les patrouilles et les coups de mains se succédèrent les unes aux autres durant tout le mois, mais les Allemands ne tombèrent pas dans le piège et répondirent assez mollement aux provocations françaises. Cela convenait tout à fait à Louis, qui n'attendait qu'une seule chose : sa prochaine permission, qui devait arriver vers la fin janvier prochain.

Carte envoyée par Mathilde à Louis au front, du 23/11/1916.
(Coll. famille Varlan-Courtiol)

L'espoir s'éloigne

Alors que le froid piquait chaque soir plus fort avec l'hiver qui s'approchait et que la neige commençait à tomber, il pensait souvent au courrier que Mathilde lui avait écrit le 23 novembre : c'était une carte postale comme on en trouvait partout, titrée « Douce permission » et représentant un soldat et une femme enlacés dans un lit ; Mathilde lui disait qu'elle aurait bien aimé l'avoir près d'elle, comme sur la carte, et qu'elle espérait qu'ils passeraient de bons moments ensemble lors de sa prochaine permission. Elle disait aussi qu'elle avait écrit cette carte le soir, avant d'aller se coucher, et il l'imaginait en train d'écrire sur la table de la cuisine à la lueur d'une lampe à pétrole avec, derrière elle, le feu de la cheminée qui crépitait ; dans la chambre d'à côté, les petites dormaient profondément… A chaque fois, ce rêve éveillé s'évanouissait pour laisser place à la sape puante et bondée dans laquelle il se trouvait ; il repensait alors souvent à cette phrase de Mathilde : « dans tes tristes moments, pense combien nous serons heureux quand nous serons réunis pour plus nous quitter ».

20 décembre 1916

Jean-Pierre était épuisé. Le froid lui fouettait le visage et refroidissait la sueur qui lui coulait dans le dos. Il se remit à piocher la terre gelée tandis qu'au loin, au-delà des collines, on entendait l'artillerie tonner.

Cela faisait maintenant presque quatre mois qu'il avait quitté les tranchées pour mieux les creuser. Avec ses pieds deux fois gelés et son état général plutôt mauvais, il avait en effet réussi à quitter le 131e Territorial pour être muté à la compagnie MD 18 du 6e Régiment du Génie, le 1er septembre précédent. Les compagnies MD étaient spécialisées dans le creusement des tranchées, qu'elles effectuaient notamment à l'aide d'excavatrices Mascart-Dessoliers (MD). Le service dans ces unités était moins dangereux que celui effectué de l'infanterie, car il ne se faisait pas, habituellement, en première ligne, ce qui ne signifiait cependant pas qu'il se faisait à l'abri des obus d'artillerie. Les hommes qui composaient ce genre d'unité étaient assez âgés car ils faisaient partie des classes les plus anciennes de l'armée territoriale.

Jean-Pierre avait eu un pincement au cœur en quittant ses camarades du 131e Territorial avec qui il s'était battu pendant plus d'un an et, malgré sa mutation, il gardait le contact avec eux et notamment avec le sergent Meyzen, son ancien chef de demi-section qui était de la même commune que lui ; celui-ci n'était d'ailleurs plus au régiment, car il avait été désigné courant octobre pour partir sur le Front d'Orient, à Salonique.

Les nouvelles du pays étaient bonnes. Thérésine et les enfants allaient bien ; il faisait maintenant totalement confiance à sa femme pour mener les affaires familiales ; en octobre dernier, elle avait d'ailleurs correctement vendangé les vignes de Sals, seulement aidée par Paul. Lui aussi se débrouillait pour soutenir la famille car il travaillait comme un adulte aux ponts et chaussées en tant que cantonnier. Quant à la petite Irène, elle continuait à aller à l'école. Les lettres de Thérésine lui faisaient toujours grand plaisir, car les sentiments qu'elle avait pour lui transparaissaient toujours ici et là au détour d'une phrase, et elles le tenaient au courant des affaires du pays ; seul bémol, elles étaient parfois démoralisantes car son épouse y exprimait souvent sa peur de voir la guerre durer longtemps ; ce qu'elle lui disait, Jean-Pierre le savait mais il n'aimait pas qu'on lui rappelle que son futur n'était pas réjouissant et que oui, il allait passer un troisième hiver sur le front.

Désormais, il dormait habituellement dans des locaux un peu moins désagréables que les sapes de première ligne, mais il travaillait comme un forçat et la nourriture laissait à désirer… C'était finalement le prix à payer pour ne plus servir dans l'infanterie. Pour l'heure, il ne souhaitait qu'une chose : partir en permission. Son tour arrivait à grands pas et, à la fin de chaque journée, il se couchait épuisé, affamé et courbaturé de tous les côtés, mais heureux de se rapprocher de la date de son départ.

Excavatrice Mascart-Dessoliers

L'espoir s'éloigne

Il embarqua fin décembre dans un train de permissionnaires qui le mena jusqu'à Paris, gare de l'Est. De là, il alla jusqu'à la gare d'Austerlitz et monta dans un wagon de la ligne Paris-Toulouse qui le porta jusqu'à Cahors. L'hiver était là, comme dans l'Est, mais le rapprochement s'arrêtait là : il y avait bien des soldats qui déambulaient dans la gare cadurcienne, mais ils étaient bien mis, hormis quelques-uns qui, comme lui, descendaient du front ; les civils allaient et venaient calmement tandis que dehors, sur la place qui jouxtait le bâtiment principal, régnait la paisible activité d'une petite préfecture provinciale. Après avoir un peu attendu, il grimpa dans le train en direction de Libos qui allaient le déposer à Castelfranc. La voie longeait la vallée du Lot et il regarda le paysage défiler devant les vitres du wagon ; il y avait peu d'hommes dans les champs et il regardait avec envie les cheminées qui fumaient et laissaient deviner des intérieurs chauds et accueillants. A chaque arrêt, des passagers montaient et descendaient tranquillement ; il se prit d'abord à les envier car il s'imaginait leurs pensées bien éloignées de la guerre qui sévissait là-haut, dans le Nord, mais il se ravisa en remarquant quelques femmes en noir, jeunes et moins jeunes : en fait, tout le monde avait un mari, un fils, un frère ou un fiancé mobilisé qui risquait sa vie chaque jour ; la quiétude des esprits n'était qu'apparente.

Aussitôt après avoir débarqué à Castelfranc, il prit à pied la route du Cluzel dans le froid hivernal. Il croisa plusieurs voisins et connaissances en suivant le chemin qui montait à travers les collines, mais il écourta les conversations car il souhaitait pouvoir enfin arriver chez lui, retrouver les siens et se mettre enfin au chaud pour de longues heures. En passant à Sals, il jeta néanmoins un œil sur ses vignes, par curiosité, pour voir comment elles avaient été travaillées, mais ne s'attarda pas. Vingt minutes plus tard, il aperçut le hameau du Cluzel qui émergeait de la grisaille, posé sur sa petite éminence, avec ses maisons blotties les unes contre les autres.

Les dix jours de permission lui semblèrent n'avoir pas duré dix heures. Pourtant, entre les retrouvailles avec la famille, les parents et les amis, il avait eu de quoi s'occuper. Pour un temps, il avait pu oublier la maigre et mauvaise pitance militaire en dégustant les magrets et les confits de canard et d'oie que Thérésine lui préparait depuis le mois d'octobre ; elle les lui avait servis avec les délicieux légumes du jardin, l'ensemble étant accompagné du vin nouveau qu'elle avait tiré des vignes de Sals, qu'elle avait elle-même vendangées. Comment ce petit bout de femme avait-il pu abattre autant de travail ?

Ô mon pays

Il avait laissé derrière lui les heures passées à dormir sur les sols boueux et gelés, même s'il avait eu un peu de mal à se réhabituer à la mollesse du matelas et à l'énorme édredon qui abritait ses nuits avec Thérésine. Il se rappelait le repas du Nouvel An, où chacun avait émis des vœux prudents et mesurés, comme si trop espérer pouvait conduire au malheur Il se remémorait aussi les conversations qu'il avait eu avec Paul qui, prématurément vieilli par les responsabilités, parlait désormais comme un homme. La petite Irène avait elle aussi bien grandi, mais elle restait une enfant, avec tout ce que cela comporte d'innocence et de naïveté : ses mots d'espoirs irraisonnés sur la fin de la guerre l'avait parfois mis mal à l'aise tant elle croyait dur comme fer qu'il en reviendrait sain et sauf. Mais, à une petite fille de 6 ans, on ne peut parler des éclats d'obus et des balles qui choisissent leurs victimes au hasard, pas plus qu'on ne peut lui montrer la veuve et l'orphelin du voisin tué sur la Somme en lui disant : n'espère pas trop, la déception n'en sera que plus grande… On lui dit juste : oui, bien sûr, il ne m'arrivera rien…

Dans le train qui le ramenait vers le front, il restait perdu dans ses pensées et s'accrochait aux bons moments qu'il venait de passer ; il dérivait parfois vers ce que serait sa vie après le conflit mais, sitôt qu'il en prenait conscience, il coupait court à ces rêveries interdites. Après Paris, il réintégra le domaine de la guerre, qui était aussi le sien : à travers les vitres du wagon, il ne voyait plus les douces et paisibles campagnes françaises, mais les arrières du front avec ses convois d'artillerie, ses colonnes de soldats et ses transports d'estropiés. En arrivant à Bar-le-Duc, il ne pensa plus qu'à rejoindre rapidement sa section, qui était comme un second foyer dans ce monde terrible où tous étaient promis à la mort ou à la souffrance. Le lieutenant, l'adjudant ou le sergent étaient souvent comme des pères, parfois sévères mais souvent compréhensifs et soucieux du devenir de leurs hommes, tandis que les copains étaient comme des frères avec qui l'on partageait tout.

Triste hiver

8 janvier 1917

Gabriel avait fêté le Nouvel An sans joie particulière. Cela faisait presque dix mois qu'il croupissait en Silésie et rien ne pouvait lui faire espérer une libération prochaine. La guerre durait et aucun des belligérants ne semblait sur le point de l'emporter, malgré les rudes batailles de l'année écoulée ; il n'avait eu d'ailleurs qu'un écho déformé de ces dernières par les dires des nouveaux, venus depuis grossir la masse des prisonniers français et la propagande des Allemands. Une chose était sûre, les combats avaient été terribles : il l'avait vu par lui-même à Verdun tandis que quelques rescapés lui avaient raconté, avec une voix blanche, les hécatombes qui avaient eu lieu sur la Somme.

Il avait été transféré à Lauban[15], un camp situé à quelques kilomètres de Görlitz et dépendant aussi du camp principal de Sagan, au cours du mois d'octobre, ce qui avait entraîné des retards supplémentaires dans la distribution du courrier. Il attendait toujours les nouvelles du pays avec impatience mais, depuis le début de sa captivité, il devait prendre son mal en patience car l'acheminement des lettres était particulièrement irrégulier. S'il tenait à ce que ses parents lui racontent leur quotidien et celui du village par le détail, il n'était quant à lui pas très prolixe sur sa vie de prisonnier. Il faut dire qu'il n'y avait pas grand chose à en dire : malgré son changement de camp, il travaillait toujours sur la même exploitation ; il se contentait donc souvent de donner à ses parents ses besoins en vêtements, vivres et tabac afin qu'ils les lui fassent parvenir par colis, et leur donnait parfois, mais assez rarement, son avis sur les décisions à prendre dans la conduite des affaires de la ferme. Les époux Dubreil faisaient tout pour satisfaire leur fils et lui envoyaient souvent bien plus que ce qu'il

---

[15] Aujourd'hui Lubań, en Pologne.

demandait, aussi celui-ci leur écrivait-il souvent, dans ses instructions, de ne plus envoyer certaines choses dont il disposait en quantités plus que suffisantes. Il subissait sa situation languissante et inconfortable mais ne risquait plus sa vie, aussi, à plus forte raison encore que lorsqu'il était sur le front, il ne voulait pas qu'ils se privent pour lui et qu'ils s'échinent au travail ; il leur conseillait souvent de se contenter de « faire ce qu'ils pouvaient et de ne pas se fatiguer ».

Carte postale de Gabriel à ses parents.
(Ecrite le 9/09/1916, elle ne fut visée par la poste du camp que le 21/09, et n'arriva à Catus, bureau distributeur de Pontcirq, que le 02/10).

Pour l'heure, résigné, il se contentait de mener la morne vie du prisonnier de guerre, faite d'ennui, de travail et d'inconfort, dans l'hiver glacial de cette triste Silésie.

15 janvier 1917

Dans le froid hivernal, Louis marchait rapidement vers la Vergne Grande. Trois mois s'étaient écoulés depuis la dernière fois qu'il avait emprunté cette route, lors de sa permission d'octobre. Trois mois, c'était court par rapport à la précédente période où il avait été séparé de sa famille durant presque neuf mois, mais ces quatre-vingt-dix derniers jours lui avaient semblé une éternité.

Triste hiver

L'activité du secteur tenu par son régiment était restée la même qu'en novembre jusqu'au 15 décembre, les coups de mains succédant aux patrouilles et aux embuscades, le tout ponctué de rafales de mitrailleuses et de tirs d'artillerie. L'hiver avait ensuite fait rentrer cette zone du front dans un calme boueux, car les pluies diluviennes avaient provoqué l'écroulement de nombreuses tranchées et abris et les hommes avaient dû, tout en se consacrant à leur remise en état, se réhabituer une nouvelle fois à vivre dans la fange glaciale et l'humidité permanente. Mais, à tout prendre, mieux valait creuser et pelleter la boue froide que vivre sous les balles…

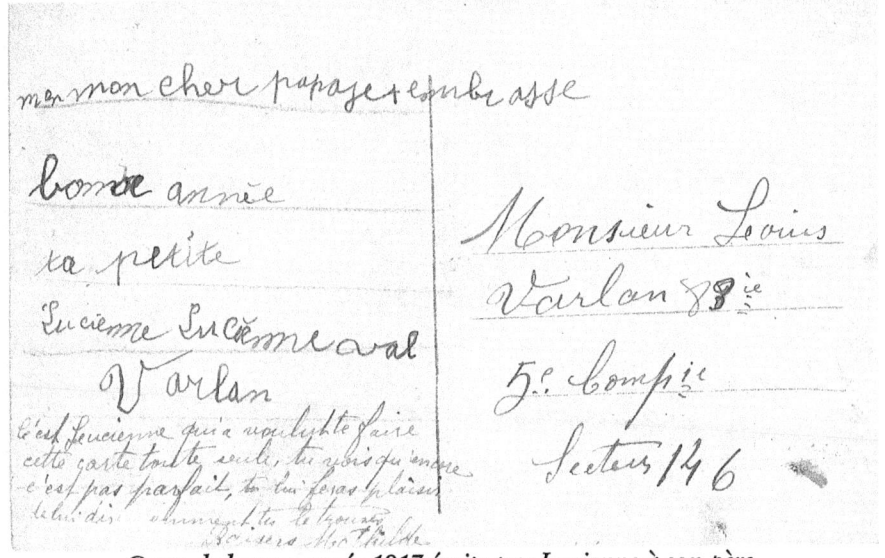

Carte de bonne année 1917 écrite par Lucienne à son père.
(Coll. famille Varlan-Courtiol)

Le nouvel an 1917 n'avait eu aucune saveur particulière, si ce n'est les courriers qu'il avait reçus de sa famille et qui n'avaient fait qu'augmenter son impatience à vivre le véritable événement de ce début d'année : sa prochaine permission. La lettre écrite par Lucienne l'avait particulièrement touché : la petite allait désormais à l'école et avait voulu lui montrer ses progrès en lui écrivant seule un charmant petit mot de bonne année.

Après avoir vécu les affres indicibles de Verdun, Louis avait quelque peu retrouvé l'espoir dans ce secteur qui, sans être une sinécure, semblait lui laisser plus de chances de s'en sortir, tandis que l'espace relativement réduit qui le séparait de sa prochaine permission lui avait donné un but tangible à atteindre. Il ne remplissait même plus son carnet, qu'il ne tenait d'ailleurs plus régulièrement depuis plusieurs mois : la guerre, qu'il avait pris comme une grande aventure en 1914, lui avait dévoilé toutes ses horreurs et il ne la voyait plus maintenant que comme une longue succession de mornes et dangereuses journées sans véritable intérêt ; son esprit n'était plus fixé que sur la fin du conflit et son retour chez lui.

Son optimisme, qui transparaissait à travers ses lettres, avait eu un effet bénéfique sur Mathilde. Dans ses courriers, il n'était en effet plus question d'imprévus ou de suspension des permissions, et encore moins d'événement tragique, aussi l'attendait-elle avec impatience, se réveillant parfois la nuit en croyant l'avoir entendu frapper à la porte.

Louis monta les marches du perron et sentit une immense joie au moment où il frappa à la porte. Comme un rituel inauguré lors de ses précédentes permissions, le brouhaha de la maisonnée qui s'éveillait se fit immédiatement entendre, précédant de quelques courtes secondes les effusions des retrouvailles. On le choya et on prit soin de lui, lui faisant manger des bons produits du pays et lui faisant chauffer de l'eau, luxe inconnu des tranchées, pour qu'il puisse se décrasser et se rendre présentable ; on coucha ensuite les gamines surexcitées, la mère s'éclipsa et il put aller finir la nuit avec sa Mathilde.

Le lendemain, il commença sa permission en s'occupant de régler le problème posé par les animaux nuisibles qui se multipliaient sur la propriété depuis que plus personne ne les ennuyait. La poudre était rationnée et il fallait faire une demande à la préfecture pour pouvoir en acheter et être autorisé à chasser au fusil ; en tant que permissionnaire, les autorisations lui furent immédiatement accordées et il reçut le certificat quatre jours plus tard ; il se rendit alors à la gendarmerie de Gourdon le faire viser, formalité nécessaire avant de pouvoir effectivement acheter la poudre. Il put ensuite se promener à sa guise sur ses terres pour débusquer les renards qui mangeaient les poules et les blaireaux qui abîmaient les cultures ; le froid était vif, mais qu'importait puisqu'il pouvait rentrer se mettre au chaud quand il le voulait ?

La permission passa encore plus vite que les précédentes. A peine eut-il l'impression de retrouver une vie normale, vaquant avec sa femme et sa mère aux affaires de l'exploitation familiale pendant la journée, questionnant Lucienne sur sa journée de classe en fin d'après-midi, discutant le soir avec Mathilde auprès de la cheminée avant d'aller se coucher, qu'il se retrouva déjà sur le quai de la gare de Gourdon à attendre le train qui devait le ramener vers

Triste hiver

le front. Il était triste, mais il avait bien espoir que, d'ici trois ou quatre mois, une nouvelle permission lui permettrait de goûter aux joies du printemps auprès des siens.

> *Quand nous chanterons le temps des cerises*
> *Et gai rossignol et merle moqueur*
> *Seront tous en fête.*
> *Les belles auront la folie en tête*
> *Et les amoureux du soleil au cœur[16].*

31 janvier 1917

Louis se tenait dans la tranchée et repensait à sa dernière permission. En rentrant, il avait été obligé de passer une nuit à Paris et avait eu la chance d'être hébergé par des connaissances habitant la rue de Varenne, dans le 7e arrondissement. Hier, à peine rentré au régiment, il leur avait écrit une lettre de remerciement dans laquelle il les rassurait sur sa situation : comme avant son départ, le secteur restait relativement calme bien qu'une activité inhabituelle avait été décelée chez l'ennemi quelques jours avant son retour ; pour le reste, il pensait « que tout aller se passer pour le mieux ».

Sur les coups de 16 heures, il rentra instinctivement la tête dans les épaules en percevant les soudaines et violentes rafales de mitrailleuses qui, partant de la ligne ennemie, vinrent frapper le parapet. Des milliers de balles sifflaient rageusement en passant au-dessus de la tranchée ou s'enfonçaient dans la terre avec des bruits sourds, tandis que certaines, après avoir ricoché sur une pierre ou un débris métallique, fusaient dans tous les sens avec des hurlements stridents. Le tir était, de façon inhabituelle, pratiquement ininterrompu et durait de façon anormale : la préparation des attaques se faisaient usuellement à l'artillerie, pas à la mitrailleuse. Les cris des gradés vinrent bientôt donner une explication : « attaque aux gaz » ! « Mettez les masques » ! En fait, les Allemands avaient tout simplement essayé de couvrir le bruit des appareils chargés d'émettre les vapeurs toxiques, mais la surprise avait échoué. Le vent poussait des nuages blancs de 4 à 5 mètres de hauteur vers les tranchées françaises, mais Louis et ses camarades avaient revêtus leurs masques et ils l'attendaient calmement, bien que passablement oppressés, tandis que

---

[16] Jean-Baptiste Clément, *Le temps des cerises*.

l'artillerie ennemie déclenchait des tirs sur les points les plus hauts du secteur afin d'interdire leur accès aux troupes qui auraient voulu s'y réfugier pour échapper aux gaz.

Vers 19 heures, l'attaque étant terminée depuis un bon moment, des équipes commencèrent à passer sur les positions avec des appareils spéciaux pour détecter la présence de vapeurs résiduelles, tandis que d'autres procédaient aux opérations d'assainissement, notamment en allumant de grands feux. Au bout d'une heure, les appareils de détection n'émettant plus aucun signal, les officiers donnèrent enfin l'ordre d'enlever les masques. Les soldats s'exécutèrent sans se faire prier et purent enfin libérer leur respiration qui venait d'être lourdement entravée par les filtres durant presque quatre heures.

Les appareils de détection étaient bien imparfaits, tandis que la longueur du front et le nombre des tranchées empêchaient un contrôle exhaustif. En fait, comme le vent était tombé, il subsistait des nappes de gaz dans de nombreux boyaux et elles touchèrent d'autant plus les hommes qui s'y trouvaient qu'ils inspiraient à pleins poumons. Louis était l'un d'eux et il comprit de suite : « cette fois j'en ai trop pris », dit-il à un camarade ; il perçut ensuite une irritation dans ses voies respiratoires qui se transforma rapidement en violente douleur. Bientôt la position de sa section fut comme la fosse d'un orchestre dont les instruments jouaient toutes les gammes de la toux. Secoué par des quintes qui, plus douloureuses que la pire des tuberculoses, lui faisaient monter des sanglots de sang à la bouche, il ne pouvait garder son masque en place et, entre deux haut-le-cœur, continuait à inspirer l'air vicié en marchant en direction de l'arrière en compagnie de tout un tas de gars aussi touchés que lui. Se traînant difficilement, il s'aperçut en levant les yeux pour se diriger qu'ils étaient des dizaines, des centaines peut-être, à converger vers le poste de secours du bataillon ; là-bas, le personnel, débordé par tant d'affluence et impuissant face à cette pathologie, ne savait que faire pour les soulager.

Louis était salement atteint et, pendant qu'on le transportait à l'ambulance de Mourmelon-le-Petit, une dizaine de kilomètres en arrière du front, il sentait ses forces l'abandonner et la souffrance devenir intolérable. Les violentes quintes de toux qui le secouaient depuis plusieurs heures lui arrachaient maintenant des morceaux de poumon qu'il recrachait avec difficulté. Arrivé à l'ambulance, il fut allongé dans un coin avec des centaines d'autres gazés. L'infernal concert des toux glaireuses et sanglantes continua,

Triste hiver

mais il baissa de volume au fur et à mesure que les heures passaient, malgré les blessés qui continuèrent à arriver durant toute la soirée.

Louis ne voulait pas mourir, il voulait rentrer chez lui revoir sa femme, ses filles et sa mère, mais s'en souvenait-il lorsqu'il perdit connaissance, juste avant que la mort ne l'enlève enfin aux souffrances inhumaines qui le rendaient fou depuis des heures et des heures ? Seul lui le sait.

Au matin du 1er février, infirmiers et brancardiers firent le tour des abris pour relever les corps des malheureux qui n'avaient pas passé la nuit. Ceux qui s'occupèrent de Louis prirent soin de lui enlever son portefeuille en cuir, qui contenait quelques lettres, des photos de sa famille ainsi que son carnet, au milieu duquel était précieusement inséré un trèfle à quatre feuilles. Ensuite, après avoir décroché la plaque d'identité de son poignet, ils le placèrent sur une grosse charrette déjà surchargée de pauvres dépouilles aux mines infernales.

Sous la bâche jetée pour couvrir le tombereau qui allait au pas d'un vieux cheval vers le cimetière, les corps de Louis et de ses camarades de misère, déjà raidis par la mort et le froid glacial, bougeaient doucement au rythme des cahots provoqués par les nids de poule d'un chemin de boue gelée.

Ô mon pays

Adieu la vie, adieu l'amour,
Adieu toutes les femmes
C'est bien fini, c'est pour toujours
De cette guerre infâme…

…Car nous sommes tous condamnés,
Nous sommes les sacrifiés[17].

---

[17] Extrait de la *Chanson de Craonne*.

Morne printemps

12 mars 1917

Cela faisait tout juste un an que Gabriel avait été fait prisonnier, là bas, dans la tourmente de Verdun. Un an… Il n'avait aucune envie de fêter cet anniversaire, même s'il savait que sa captivité le tenait à l'abri des balles et des obus ; les nouvelles que lui avaient données les derniers arrivés ne laissaient planer aucun doute : sur le front, les pertes continuaient de s'alourdir à un rythme effréné.

Pourtant, le prix de cette sauvegarde lui pesait, car la monotonie et l'ennui des journées toutes identiques – ou presque – lui donnaient l'impression que le temps s'était arrêté, que la guerre durerait encore très longtemps et que des années le séparaient de son retour au pays. Le moral en berne, il se contentait de petits plaisirs, au premier rang desquels étaient fumer des cigarettes et déguster avec ses camarades les conserves reçues avec les colis du pays.

Il prit son crayon de bois et griffonna quelques mots sur une *feldposkarte*, achetée à la cantine du camp, à l'attention de ses parents. Comme à l'accoutumée, il les informa de l'arrivée des paquets qu'ils lui avaient envoyés, leur donna des consignes pour les prochains envois avant de rapidement évoquer la neige qui ne cessait de tomber, puis enfin les rassura sur sa santé. Quand il eut fini le texte, il retourna la carte pour inscrire l'adresse de son père au verso, avant de la poser sur la table et de se rouler une cigarette. Il la fuma, pensif, en regardant les volutes de fumée bleue s'élever vers le plafond de la baraque.

Ô mon pays

30 juin 1917

Jean-Pierre débarqua du train qui venait de stopper en gare de Bar-le-Duc. Il retrouvait la terre meusienne sans aucun plaisir ; pour lui, elle n'était qu'un énorme bagne dans lequel il pataugeait et piochait depuis des mois et des mois en risquant sa peau.

Les premières semaines de l'année avaient été particulièrement éprouvantes. Il s'était mal remis de ses gelures et des atteintes à ses bronches de l'année passée, aussi son corps avait-il difficilement supporté d'avoir de nouveau à fournir des efforts importants et continuels dans le froid glacial, sans jamais pouvoir bénéficier d'un véritable repos : il dormait inconfortablement dans des abris précaires et humides et était généralement mal nourri. Il récupérait difficilement, non qu'il était vieux, mais avec sa quarantaine passée il n'avait plus la résistance de ses vingt ans. Et à ces conditions de travail déjà extrêmes, il fallait de plus compter – naturellement pourrait-on dire – avec les pluies d'obus qui s'abattaient régulièrement sur les positions de la rive droite de la Meuse, sur le front de Verdun, où sa compagnie était affectée.

Il avait tenu le rythme de cette vie de forçat jusqu'au début du mois de mars. Fiévreux, les bronches en feu, il avait fini par pouvoir se rendre au poste de secours de la compagnie où le médecin, prenant la mesure de la gravité de son état, avait décidé de le faire évacuer sur l'hôpital de Bar-le-Duc. Là, les praticiens lui avaient diagnostiqué de l'emphysème en plus de la bronchite. Fallait-il que celle-ci soit grave, car admis le 8 mars, il n'avait quitté l'hôpital que le 31.

Les médecins avaient alors pensé que l'air du Sud lui ferait du bien et finirait de le guérir, aussi l'avaient-ils envoyé chez lui pour une courte permission de sept jours. C'est ainsi que Thérésine l'avait vu débarquer un soir d'avril mais, malgré ses trois semaines d'hospitalisation, il était toujours dans un état médiocre et elle s'effraya sans doute de son allure fantomatique. Peut-être profita-t-il de ces quelques courtes journées passées dans son village, auprès d'une épouse aimante, de son fils et de sa fille, mais il resta affaibli et des accès de toux ne cessèrent de le secouer ; il ne quitta probablement pas la maison. La chaleur du foyer et les bons petits plats lui apportèrent sans doute un petit mieux, mais il fallut bien vite reprendre le chemin du front, même sans être guéri.

Morne printemps

Si le printemps s'installe relativement vite en Quercy, il est plus tardif en Meuse, et Jean-Pierre reprit le travail aux tranchées sous la pluie et avec des températures qui restaient basses. Chaque matin, se lever après une nuit humide devint de plus en plus difficile, tandis qu'il s'effondrait chaque soir sur sa paillasse complètement moulu, le souffle court entrecoupé de violentes quintes de toux. Aux tranchées, marchant en permanence dans la boue gluante, chacun de ses pas lui coûtait de terribles efforts, tandis qu'en train de piocher ou de pelleter, ses gestes étaient lents et toujours entrecoupés de pauses durant lesquelles, courbé en deux sur son outil, il toussait tout ce qu'il pouvait en étant secoué de puissants haut-le-cœur ; tout ceci accentuait de plus le martèlement de la migraine dans son crâne, qui lui semblait prêt à éclater sitôt qu'un obus venait exploser dans les parages.

En moins de quinze jours, il se retrouva dans un état particulièrement préoccupant. Avec la maladie qui gagnait et ses forces qui l'abandonnait, il n'était plus bon à rien et ses chefs l'envoyèrent consulter. Il faisait peur à voir lorsqu'il se présenta au poste de secours de la compagnie, où le médecin le fit immédiatement évacuer vers l'arrière. Il échoua à l'Hôpital Temporaire n°67, qui était installé à Châtillon-sur-Seine (Côte-d'Or). A son admission, on lui diagnostiqua à nouveau, c'était prévisible, de l'emphysème en précisant qu'il en résultait une forte oppression thoracique le gênant pour marcher, et on nota aussi qu'il était atteint d'une débilité[18] consécutive à une fatigue générale.

L'établissement était installé dans une colonie scolaire et avait une petite capacité, avec 135 lits, ce qui permettait sans doute une prise en compte quelque peu « familiale » des patients et une meilleure attention portée à leur traitement. Celui de Jean-Pierre était à base de « pointes de feu », pratique consistant à faire de petites cautérisations sur le thorax, d'injection de Cacodylate et de pilules diverses. Les soins furent relativement efficaces, car les médecins constatèrent des améliorations notables au bout de quelques temps. Ils jugèrent alors qu'il pouvait être transféré dans un établissement moins spécialisé : ils l'envoyèrent à Dijon, à l'Hôpital Temporaire n°81 qui était installé dans l'école Saint François de Sales, où étaient soignés jusqu'à 700 malades.

Le 22 mai, Jean-Pierre passa enfin devant la commission de convalescence de l'hôpital et celle-ci lui accorda une permission d'un mois pour

---

[18] Le mot doit ici être pris dans son sens « d'état d'extrême faiblesse ».

qu'il aille se reposer chez lui et y terminer sa guérison. Un mois… Par les temps qui couraient, c'était une véritable bénédiction !

Il rentra donc au Cluzel où sa famille fut heureuse de le voir dans un bien meilleur état que deux mois auparavant. Juin lui ouvrit les bras et il put jouir de la tranquillité de son village sans se soucier des tranchées ou des obus. Il redécouvrit le plaisir de discuter avec les voisins sur la place dans la fraîcheur de soirées presque estivales, où sans doute son fils Paul pouvait l'accompagner et y discuter comme l'homme qu'il était devenu. La petite Irène savourait enfin d'avoir son papa à la maison, après avoir eu peur de ne plus jamais le revoir : plusieurs de ses camarades de classe savaient déjà que leurs pères, frères ou oncles ne reviendraient pas ; elle savait que la guerre, cette chose mystérieuse qu'elle était incapable de concevoir, enlevait au hasard et pour toujours les hommes à leurs familles. Enfin, Thérésine s'occupait de lui rendre ses journées et ses soirées agréables, car elle aussi – et surtout elle, tant elle était inquiète et pessimiste ! – savait que malgré les sourires, le soleil et la nature en fleur, tout ceci n'était qu'un sursis. Lorsqu'au bout d'un mois de bonheur elle l'embrassa une dernière fois avant qu'il ne s'en aille, elle ne put s'empêcher de penser qu'elle allait peut-être payer ces heureux moments au prix le plus fort.

Jean-Pierre avait retrouvé ses camarades là où il les avait laissés en partant, à l'arrière immédiat du front de Verdun. Sa compagnie avait ensuite fait mouvement sur quelques kilomètres pour rejoindre le secteur de Louvemont et de la côte du Talou, particulièrement visé par l'artillerie ennemie, où elle devait organiser les positions en vue d'une grande offensive prévue par l'Etat-Major. C'en était bien fini du doux repos en Quercy : il s'était remis au travail, sous un soleil de plomb et des orages d'acier, à côté des grosses machines Mascart-Dussoliers chargées de creuser les tranchées. Les Allemands comprirent rapidement qu'il se préparait quelque chose : ils accentuèrent immédiatement les tirs d'artillerie pour gêner les préparatifs et, ce faisant, leurs obus tuèrent, déchiquetèrent ou pulvérisèrent plusieurs gars de la section de Jean-Pierre.

Les conditions de travail étaient devenues infernales, car en plus des explosions, il fallait compter avec les visions d'horreur et les odeurs pestilentielles, car on creusait dans des secteurs où de furieux combats avaient eu lieu l'année précédente : chaque coup de godet ou de pioche dégageait d'immondes charognes humaines de leur gangue de terre ; seuls les rats, qui pullulaient, étaient heureux dans ces champs de mort car ils y faisaient bombance. Il ne fallait pourtant pas faiblir et le capitaine Condamin, qui commandait l'unité, excitait ses hommes à aller coûte que coûte au bout de leur tâche, aussi pénible, dangereuse et ingrate soit-elle.

Mortier français de 280 en action pendant l'offensive d'août 1917 à Verdun.

L'artillerie française entra en action le 11 août puis, deux jours plus tard, se déchaîna totalement. Jean-Pierre, comme tous ses camarades présents dans cette zone du front, en fut réjoui et reprit un peu confiance au fur et à mesure que le bombardement durait et matraquait batteries et positions ennemies : cette fois, le commandement « mettait le paquet » en offrant une véritable préparation d'artillerie à l'offensive projetée ; les sacrifices consentis ne seraient pas vain et l'on allait culbuter les Boches avec des pertes plus réduites.

Les canons français tonnèrent sans discontinuer jusqu'au 20, le tir devenant même prodigieux et inédit durant la dernière nuit, avant que l'infanterie ne sorte des tranchées et ne se lance à l'assaut. Sans doute satisfait de voir que ses camarades fantassins attaquaient dans de bonnes conditions, Jean-Pierre n'en fut sans doute pas moins soulagé de ne pas avoir à les accompagner ; les combats furent en effet particulièrement meurtriers et difficiles, mais ils permirent de reprendre, face à un adversaire qui s'accrochait à ses positions, tout le terrain qui avait été perdu en 1916.

Ô mon pays

21 septembre 1917

Cela faisait deux mois que Gabriel avait fêté ses 25 ans. Cela en faisait aussi 18 qu'il était prisonnier et presque autant qu'il croupissait en Silésie. Les journées écoulées, toutes pareilles les unes aux autres, ne lui avaient pas laissé de souvenir marquant et il s'enfonçait dans l'ennui chaque heure un peu plus. Seules les saisons marquaient le rythme du temps qui passait : il venait de passer son deuxième été en captivité et il allait maintenant entamer son deuxième hiver. Ses distractions se résumaient à quelques conversations toujours identiques avec ses camarades, à certains travaux agricoles qui lui pesaient moins que d'autres et à fumer des cigarettes, le soir, en regardant passer ces longues secondes dont chacune, une fois écoulée, le rapprochait de sa libération, un jour…

Avec les retards du courrier, il écrivait moins souvent et se contentait souvent de demander à ses parents de lui envoyer, ou pas, les choses dont il avait besoin. Que pouvait-il leur dire d'autre de toute façon ? Il était en revanche toujours friand des missives qu'on lui envoyait et prenait plaisir à lire toutes les nouvelles du pays ; elles lui faisaient quitter, pour quelques minutes, la morosité de sa situation.

Dernier hiver

15 octobre 1917

L'été était passé comme le printemps et comme passerait l'automne qui commençait : dans la torpeur. Lucienne avait repris le chemin de l'école après de tristes vacances. On ne riait plus beaucoup à la Vergne Grande où, dans la salle commune, trônait le portrait de Louis crêpé de noir.

Lucienne se rappelait ce jour de février où le maire était venu annoncer à leur mère et à leur grand-mère que Louis ne reviendrait plus jamais. Elle se souvenait des cris et des pleurs et du moment où, avant même qu'on lui dise l'indicible vérité, elle avait compris. Elle ressentait encore la vague de chaleur qui, partant de son thorax, était montée d'un coup jusqu'à ses tempes et avait fait jaillir des flots de larmes. Elle revoyait aussi ces repas totalement silencieux uniquement troublés par le balancement de la vieille horloge et les questions impromptues de la petite Henriette. Depuis la rentrée des classes, elle avait observé, non sans tristesse, que ses camarades l'envisageaient différemment et surtout ceux dont le père était toujours au front, comme si lui parler ou la fréquenter pouvait porter la poisse.

Mathilde était totalement perdue. Même absent, Louis avait constitué un cadre à sa vie et la promesse d'un avenir heureux, mais il n'en restait rien et elle vivait chaque jour dans le manque et l'incertitude, sans but. On lui avait renvoyé le portefeuille de son mari et tout ce qu'il contenait, avec des lettres et des photos, ainsi que sa plaque d'identité ; elle se rappelait de ce petit bout de métal, qu'il portait autour de son poignet avec une chaînette ; elle le savait, c'était la dernière chose qui avait touché sa peau avant qu'on ne le mette en terre.

Au mois de juin, l'administration militaire lui avait envoyé un courrier pour lui indiquer que son mari reposait au cimetière de Mourmelon-le-Petit, rangée 22, tombe 42. C'était dans la zone des armées, on ne pouvait même pas s'y rendre… Toute la famille en resta donc avec ses fantasmes et ses interrogations sur la mort de Louis, avec la frustration douloureuse ne pas pouvoir se recueillir sur sa sépulture ; il était là-haut, loin des siens, tout seul dans la terre froide. C'était fini, c'est tout.

Mathilde, Lucienne, Philomène et Henriette peu après la mort de Louis.
(Coll. famille Varlan-Coutiol)

21 janvier 1918

Gabriel prit son crayon et du papier à lettre pour écrire une lettre un peu plus longue que les missives qu'il envoyait sur les petites *feldposkaten* achetées à la cantine. Il avait reçu quelques jours auparavant un courrier de ses parents daté du 27 décembre : il voulait y répondre et en profiter pour les remercier pour le colis qu'il venait de recevoir.

Il leur écrivit, comme à chaque fois, qu'il était heureux de les savoir en bonne santé, et que le contenu du dernier colis, avec les gaufres, le chocolat, le tabac, le papier à cigarette et le sucre, était arrivé en bon état ; il leur énonça ensuite quelques directives pour l'envoi du prochain : il n'avait plus besoin de sucre, mais en revanche il lui fallait du fil, du blanc et du noir, afin qu'il puisse raccommoder ses habits, ainsi qu'un peu de laine bleue. Un détail montre qu'il était résigné à ce que sa détention dure encore de nombreux mois, car il leur demanda aussi de lui envoyer des sandales, qui lui serviraient « pour l'été ». Pour le tabac, il leur répéta une nouvelle fois que « c'était ce qu'il aimait le plus »…

Dernier hiver

Il acheva son courrier en leur disant qu'il était content que le vin de l'année soit prometteur et qu'il souhaitait avoir des nouvelles de ses camarades toujours au front, ainsi que de sa cousine qui habitait Crayssac ; il leur écrivit ensuite qu'il était toujours au même endroit, en bonne santé, et n'avait pas à se plaindre, même s'il aurait préféré être avec eux. Puis il signa, comme d'habitude, « votre fils dévoué qui vous embrasse tous bien fort et qui pense à vous, Dubreil Gabriel ».

La lettre écrite, il la mit dans une petite enveloppe et la posa à côté de lui avant de se rouler une cigarette qu'il fuma avec délectation, ses pensées s'envolant vers son village tandis que son corps restait dans la froide baraque de son camp de prisonniers silésien.

> *Derrière les ennuis et les vastes chagrins*
> *Qui chargent de leur poids l'existence brumeuse,*
> *Heureux celui qui peut d'une aile vigoureuse*
> *S'élancer vers les champs lumineux et sereins...*[19]

19 juin 1918

Jean-Pierre retrouva sa compagnie sans enthousiasme, mais dans un tout autre état d'esprit que celui qui avait été le sien lors de ses précédents retours dans la zone des opérations. Affaibli par ses gelures et ses problèmes pulmonaires à répétition, il n'était plus apte à servir sur la ligne de feu, même dans des troupes d'appui, et ses supérieurs l'avaient fait muter dans une compagnie de cantonniers, la C/26, dont la mission consistait à entretenir les routes qui desservaient l'arrière-front. Il était maintenant à l'écart des combats et, à moins d'un coup de malchance, il sortirait vivant de cette guerre.

Le travail dans les compagnies de cantonniers n'était cependant pas une sinécure car le rythme y était soutenu et, comme ailleurs, on y maniait la pioche et la pelle chaque jour et par n'importe quel temps. Au début de l'année, il avait été un temps affecté aux carrières de Commercy pour y extraire la pierre nécessaire à l'entretien des routes : il avait ainsi passé un nouvel hiver dans le froid et la boue, travaillant toujours comme un forçat, dormant dans de mauvais abris humides et mal chauffés – quand ils l'étaient – et se nourrissant d'une tambouille parfois douteuse.

---

[19] Charles Baudelaire, *Elévation*.

Ô mon pays

Il ne savait comment, il avait tenu tout l'hiver, mais les choses s'étaient ensuite gâtées au printemps, lorsque sa compagnie avait été déplacée dans l'Oise : les pluies printanières avaient eu raison des dernières résistances de son corps et la bronchite aiguë tant redoutée avait fini par revenir. Le médecin de la compagnie l'avait gardé quelque jours au poste de secours, pensant qu'un peu de repos suffirait à le remettre sur pied, mais il avait fallut se rendre à l'évidence : le patient avait les poumons bien atteints et nécessitait des soins importants. Jean-Pierre fut donc évacué vers l'arrière et transporté jusqu'à Moulins, dans l'Allier, où il arriva le 9 mai. Le diagnostic qui fut fait à son arrivée à l'hôpital temporaire ne le surprit pas : la forte bronchite était, comme l'année précédente, aggravée d'emphysème.

Il fut soigné durant onze jours à Moulins puis, son état s'améliorant, les médecins décidèrent de le transférer à l'hôpital de Montluçon pour qu'on y finisse de le soigner. Les docteurs de cet établissement ne le gardèrent que huit jours, car il leur sembla qu'un séjour au soleil serait plus efficace et rapide que toutes leurs pilules pour le remettre sur pieds : ils lui accordèrent vingt jours de permission.

Comme l'année précédente, Jean-Pierre renoua avec les joies de la vie printanière de son village, même s'il était encore affaibli et secoué par des quintes de toux. Sa précédente permission datait de février et, une fois encore, il se rendait compte de la vitesse à laquelle grandissaient ses enfants, sans lui. Combien de temps encore la guerre allait-elle lui voler sa vie ? Il se savait chanceux à côté de tous ceux qui y étaient restés : il avait maintenant le droit d'espérer et ne s'en privait pas, même s'il lui était difficile de regarder les veuves en noir et les orphelins qu'il croisait parfois au détour d'un chemin.

Après avoir rejoint son unité, il se remit au travail avec ses camarades. La plupart étaient des territoriaux qui, comme lui, avaient connu l'enfer des premières lignes. Ils plaignaient sincèrement les jeunes qui montaient vers la fournaise en empruntant les routes qu'ils entretenaient, mais ils n'auraient pas pris leur place pour tout l'or du monde. De toute façon, pour Jean-Pierre, la question ne se posait même pas : avec ses pieds abîmés et sa capacité pulmonaire limitée, il était totalement inapte au service dans l'infanterie

Amère victoire

11 novembre 1918

Des explosions de joies retentissaient de tous les côtés et la nouvelle de la victoire se répandait de clocher en clocher. A la Vergne Grande, tout le monde fut heureux de savoir que Basile, le cousin germain de Louis, allait enfin rentrer sain et sauf, mais cette joie était comme annulée par l'idée que Louis, lui, ne reviendrait pas. 21 mois après sa mort, la douleur était toujours aussi vive et la révolte tenailla Mathilde lorsqu'elle entendit les soupirs de soulagement de ses voisines et qu'elle vit les larmes de joie qui coulaient sur leurs visages éclairés de larges sourires. Pourquoi leurs maris et pas le sien ? Lucienne aussi ne comprit pas pourquoi on lui avait pris son père à elle et pas à d'autres. Si Philomène ne disait pas grand-chose, son regard en revanche était beaucoup plus disert… Quant à Henriette, elle ne comprenait pas : à son âge on oublie vite et son père n'était déjà plus qu'un vague souvenir. Il reste qu'au milieu des manifestations d'allégresse, le sentiment d'injustice et d'abandon qui bouleversait Philomène, Mathilde et Lucienne était terrible.

12 novembre 1918

Jean-Pierre avait du mal à réaliser que le calvaire était fini. Depuis hier, on n'entendait plus les canons tonner mais il y avait comme un flottement provoqué par la disparition de ce son coutumier. Hormis ce détail, rien n'avait changé : il était toujours avec ses camarades dans cette région désolée de l'Aisne, tandis que les automobiles et les troupes continuaient à emprunter les routes qu'ils entretenaient et refaisaient depuis des mois. La guerre avait constitué le seul horizon de sa vie durant plus de quatre ans et, étrangement, sa fin le laissait un peu désemparé alors qu'il l'avait souhaité de toutes ses forces. Il se remémora les événements qu'il avait vécus depuis son arrivée dans les tranchées boueuses, fin 14, et de toutes les stations du chemin de croix qui l'avait mené à ce jour ; il essaya de se rappeler des visages de tous ceux qu'il avait connus et qui y étaient restés, en Champagne, en Meuse ou ailleurs mais, à son grand désarroi, il n'y parvint pas pour tous. Il mesurait sa chance, ou la malchance des autres, en regardant les tombes qui s'alignaient ici et là par centaines, témoignages des hécatombes auxquelles il avait échappées ; pourquoi, comment, il n'aurait pu le dire.

Il mit ainsi plusieurs jours à réaliser qu'il allait enfin rentrer chez lui pour toujours et enfin retrouver Thérésine, les enfants et sa vie d'avant en laissant derrière lui toutes les horreurs qu'il avait vécues.

Quand un soldat s'en va-t-en guerre il a
Des tas d'chansons et des fleurs sous ses pas
Quand un soldat revient de guerre il a
Simplement eu d'la veine et puis voilà…[20]

---

[20] Francis Lemarque, *Quand un soldat.*

Il but le calice jusqu'à la lie

20 décembre 1918

Gabriel était allongé dans un des lits du *lazaret*[21] du camp principal de Sagan où il avait été admis plusieurs jours auparavant. Seule sa tête dépassait des draps, avec ses cheveux collés sur le front par la sueur, et il grelottait tout en étant secoué par de violentes quintes de toux. Il s'apercevait bien que, malgré les paroles encourageantes du médecin, il allait de plus en plus mal.

Quelle poisse, la guerre était finie depuis maintenant plus d'un mois et il avait loupé le départ des premiers convois qui ramenaient les prisonniers en France. Il n'était pas le seul dans son cas, car la contagion n'avait eu aucun mal à se répandre dans ce camp surpeuplé où les conditions sanitaires étaient plus que précaires, mais de nombreux malades avaient déjà succombé et, durant les jours précédent, il avait vu avec inquiétude leurs lits se libérer un à un.

Les derniers mois s'étaient pourtant passés sans autre désagrément que ceux auxquels il était habitué depuis deux ans et demi. Il avait travaillé sur l'exploitation silésienne à laquelle il était affecté sans faire d'histoires, surtout qu'après tant de temps il s'était pris à l'apprécier un peu, cette terre lourde et grasse ; certes, il logeait dans un baraquement bondé, sombre et nauséabond, tandis que la nourriture était mauvaise et le camp particulièrement sale, mais il avait continué à bénéficier du soutien de ses proches, au premier rang desquels étaient ses chers parents, et les colis qu'ils lui envoyaient avaient rendu supportable son séjour dans cette région désolée. Il n'avait pas eu que des mauvais moments et s'était fait de bons camarades parmi ses compagnons d'infortune, tout comme il avait apprécié les Allemands chez qui il travaillait, des paysans tout comme lui. Tout ceci s'était naturellement effacé à l'annonce

---

[21] Hôpital militaire.

Ô mon pays

de l'armistice : ses pensées s'étaient alors focalisées, jour et nuit, sur le retour au pays tant attendu. Mais voilà que le sort s'en était mêlé et lui avait envoyé une nouvelle épreuve pour l'éloigner encore de ce qu'il avait de plus précieux.

La fièvre le tenait de plus en plus fermement et l'entraînait maintenant vers l'irréalité. Les yeux entrouverts, la commissure des lèvres frémissante, il se laissait tromper par l'orientation des fenêtres, qui lui rappelait un lieu familier, et confondait les infirmières avec sa mère, sa grand-mère ou sœur Saint-Martin. Il parlait de moutons, de vendanges ou de foires avec son père, qui ne lui répondait pas. Totalement épuisé, son visage émacié s'apaisa lorsqu'il sombra dans un profond sommeil. Dehors, derrière les fenêtres de sa chambre, le froid et le vent silésiens qu'il connaissait bien régnaient en maîtres.

Le personnel du Lazaret le surveilla toute la matinée suivante mais, impuissants à le soigner, infirmières et médecins ne purent que constater l'aggravation de son état au rythme des heures qui passaient. Entre chaque quinte de toux, son souffle se faisait de plus en plus court tandis que son corps restait brûlant de fièvre. Finalement, vers midi et quarante-cinq minutes, ce 21 décembre 1918, un mois et dix jours après la fin de la guerre, Gabriel Dubreil cessa de tousser et de frissonner puis, tandis que sa fièvre tombait, son corps se détendit enfin dans la mort. Il avait exactement 26 ans et cinq mois.

Et quand vint le moment où, las de cette vie,
Un soir d'hiver, enfin l'âme lui fut ravie,
Il s'en alla disant : « Pourquoi suis-je venu ? »[22]

---

[22] Gérard de Nerval, *Epitaphe*.

Epilogue

La nouvelle de la mort de leur fils toucha les époux Dubreil comme un coup de canon en pleine poitrine. Après le temps des pleurs vint celui du silence, qui envahit leur vieille maison de Tourniac. Quelques mois plus tard, les cœurs se brisèrent plus violemment encore quand Gabriel rentra enfin au pays : il arriva dans un petit cercueil en zinc que l'on enterra dans le modeste cimetière de Pontcirq, à côté de ses ancêtres et de sa petite sœur.

Marie et Pierre Dubreil, les parents de Gabriel, quelques années après la mort de leurs fils.
(Coll. famille Chatain)

Quelques temps plus tard, sa mère plaça les lettres et les souvenirs qui restaient de lui dans une petite malle qu'elle monta au grenier ; elle y alla parfois, ensuite, relire ses missives pour se rappeler de l'époque où l'espoir lui était permis, tandis que son mari, lorsqu'il travaillait dans la grange, jetait parfois un œil triste sur les petits graffitis que son fils avait gravé sur le montant de la porte, au temps du bonheur. L'unique enfant qu'il leur restait désormais disparu, sans but dans la vie sinon que de mourir pour les rejoindre, lui et sa petite sœur, ils se mirent patiemment à attendre que Dieu les rappelle à lui.

A quelques kilomètres d'eux vivait Albert Cournac, qui lui avait eu la chance de revenir de captivité. Comme son copain Gabriel, il avait travaillé de longs mois dans une ferme allemande et s'y était lié d'amitié avec la famille qui la tenait : la maîtresse de maison lui avait même fait cadeau d'une grosse pièce d'or lorsqu'il avait été libéré. Rentré au pays, il avait retrouvé ses proches et repris sa vie d'avant, mais il resta marqué à jamais par les terribles épreuves qu'il avait vécues. On ne sait s'il rendit visite aux parents de son ami ou s'il alla se recueillir sur sa tombe. C'est probable. Quels furent alors ses sentiments ? A quoi pensait-il lorsque, après ces tristes visites, il rentrait chez lui en marchant tranquillement au milieu de la paisible campagne quercinoise ?

Albert Cournac à la fin de sa vie ; pensif, il est assis sur une cagette au coin de l'épicerie tenue par sa fille et son gendre.
(Coll. Jean-Pierre Carles)

La grand-mère de Gabriel fut la première à partir, puis ce fut au tour de son père, que l'on enterra à côté de ses enfants. Sa mère resta alors seule dans la maison familiale, hantée par ses souvenirs. A la fin des années 40, trop vieille et malade pour

Epilogue

continuer à vivre isolée, elle emménagea chez ses plus proches parents, les Chatain, qui vivaient à l'autre bout de la commune. Elle s'y éteignit quelques jours plus tard, plus de trente ans après la mort de son fils. Les Chatain héritèrent de la maison de Tourniac et la laissèrent inhabitée de longues années ; elle l'était toujours lorsqu'un matin de février 1973 le jeune Thierry Chatain y redécouvrit les lettres de Gabriel dans le grenier.

Albert Cournac était alors décédé depuis cinq ans. Il avait vécu une rude mais heureuse vie de paysan dans son village de Thédirac jusqu'à la mort de son épouse Léonie, puis était allé finir ses jours chez sa fille et son gendre, qui tenaient une épicerie rue de la Barre, à Cahors. Il avait ainsi survécu 50 ans à son ami Gabriel et, contrairement à lui, avait eu la joie d'avoir des petits-enfants et de les voir grandir.

Rentré au pays après quatre années d'épreuves, Jean-Pierre reprit son emploi de cantonnier aux Ponts et Chaussées et continua à exploiter les quelques terres qui lui permettaient d'améliorer l'ordinaire. Les atteintes répétées qu'il avait subies aux bronches lui avaient laissé de sérieuses séquelles mais il dut se battre contre l'administration des pensions pour les faire reconnaître comme invalidité, que l'on chiffra finalement et chichement à 10 %. Ceci fait, il regroupa les débris de son livret militaire, avec ses certificats de blessures et les lettres qu'il avait gardé du front, et les rangea au fond d'une armoire où il les oublia.

Jean-Pierre en 1933.
(Coll. Jean-Pierre Raynal)

En 1923, il acheta une maison plus grande, à deux cent mètres de celle qu'il avait occupée jusque-là, et y installa définitivement sa famille. Paul fut le premier à quitter le foyer familial pour aller faire son service militaire à la base aérienne de Cazeaux, non loin de Bordeaux ; cette formalité terminée, il monta à Paris et trouva un emploi dans le Métropolitain, où il fit ensuite toute sa carrière. Quant à Jean-Pierre, après bien des années passées à faire son travail sur les routes du département, il prit une retraite méritée fin 1938 et coula ensuite des jours heureux avec Thérésine, bien que l'histoire ne nous dise pas de quels cauchemars furent peuplées ses nuits. Sa femme mourut en 1947 et il resta alors vivre avec sa fille Irène et son gendre Rémy Raynal, qui s'étaient installés chez lui, jusqu'à ce qu'il décède à son tour en mars 1953, âgé de 77 ans.

Prénommé Jean-Pierre comme son grand-père, le fils d'Irène hérita de la maison familiale et de tout ce qu'elle contenait. Parmi les vieilleries, il y avait au fond d'une armoire un petit paquet de papiers militaires, ultimes vestiges des quatre années de guerre de Jean-Pierre Cussat.

A la Vergne Grande la vie continua et le temps fit son œuvre, subrepticement. La ferme abritait toujours Philomène, Mathilde et ses filles, tandis que Basile, le cousin de Louis qui avait survécu à la guerre, habitait à côté. Se fréquentant quotidiennement, Mathilde et Basile finirent par se rapprocher : il avait besoin d'une épouse dévouée, elle voulait un père pour ses enfants. Ils se marièrent en 1920 et de leur union naquirent deux filles, Jeannette en 1921 et Juliette en 1928. Malgré ce nouveau départ, Mathilde n'oublia jamais son premier amour et conserva pieusement les souvenirs qui la rattachaient à Louis dans une petite boîte en carton. Paysanne attachée à sa ferme à une époque où l'on ne connaissait pas les vacances, elle n'eut jamais l'occasion d'aller se recueillir sur sa tombe. Quant aux petites, Lucienne et Henriette, la douleur de la perte de leur père, si vive pourtant au début, surtout pour l'aînée, fit progressivement place à des images de plus en plus floues et souvent construites suivant ce que leur en disait leur mère. En fait c'est Basile qui, en les élevant, devint progressivement leur véritable père.

La vieille Philomène mourut bientôt, emportant avec elle son chagrin de mère éplorée, puis la vie continua. D'autres épreuves touchèrent la famille, comme la maladie de Parkinson qui frappa Basile au début des années 40. Des bonheurs aussi, comme les mariages des filles et la naissance des petits-enfants. Pour eux, Mathilde devint Mémé, celle chez qui ont venait passer les vacances, celle qui, à la fois sévère et tendre, essayait de transmettre ce qu'elle savait, ce goût des plaisirs simples, ces idées droites et parfois très modernes qui surprenaient les plus jeunes ; patiente et aimante avec ses petits-enfants, elle a même laissé une empreinte très forte chez Sarah, son arrière-petite-fille qui n'avait pourtant que neuf ans à son décès. Il y aurait tant à dire sur cette femme à la force de caractère exceptionnelle qui sut créer de son

Epilogue

malheur une famille unie avec ses quatre filles et son second mari, tout en transmettant la mémoire du premier.

Si Mathilde ne put jamais se rendre sur la tombe de Louis, ses filles Lucienne et Henriette n'en éprouvèrent pas le besoin. Le fil n'était cependant pas rompu et, un jour de juillet 1991, Monique, fille de Lucienne, fit le voyage avec son mari René depuis la Vergne Grande jusqu'au cimetière militaire de Mourmelon-le-Petit. Louis était resté seul pendant plus de 74 ans… Quelques années plus tard, le fils de Monique et René, Samuel, vint habiter la maison de la Vergne Grande et, en nettoyant le grenier, découvrit le vieux portrait de Louis en uniforme : ce fut comme un déclic et il voulut en savoir plus sur cet ancêtre héroïque. Sa quête le mena naturellement jusqu'au cimetière de Mourmelon-le-Petit, où il se rendit avec son épouse Karine le 27 septembre 2009 ; avant d'y aller, il avait ramassé un peu de terre sur la tombe de Mathilde pour la déposer sur celle de Louis.

Mathilde, assise en bas au centre, avec sa réussite : sa famille, sur l'escalier de sa maison de la Vergne Grande.
(Lucienne et Henriette sont derrière elle, respectivement à gauche et à droite ; en bas à gauche, ses deux autres filles Juliette et Jeannette. Coll. famille Varlan-Courtiol).

Epilogue

Samuel habite toujours la maison de la Vergne Grande. Son foyer s'est récemment agrandi d'une petite fille, à qui il a donné Mathilde comme second prénom. Il a posé le vieux portrait de Louis en tenue du 7e d'Infanterie sur la cheminée car, comme il le dit, c'est sa place et ce repère du passé l'aide à construire son futur et à relativiser ses moments difficiles.

Entre 1914 et 1918, la France mobilisa huit millions d'hommes dans ses armées pour la défense de la Patrie. Un million et demi d'entre eux ne revirent jamais leurs foyers, tandis qu'un million d'autres vécurent avec des invalidités plus ou moins importantes jusqu'à la fin de leurs jours.

Flottes, le 16 février 2013.

La tombe de Louis à la nécropole nationale de Mourmelon-le-Petit.
(Coll. famille Varlan-Courtiol)

Ô mon pays

Sommaire

Remerciements — 5
Les vieux papiers jaunis — 7
En route vers la victoire — 11
Le baptême du feu — 21
L'hôpital — 35
La boue — 45
Les promesses du printemps — 67
Ennui estival — 81
Où seront-nous dans un an ? — 89
Verdun — 99
L'espoir s'éloigne — 121
Triste hiver — 139
Morne printemps — 147
Dernier hiver — 153
Amère victoire — 157
Il but le calice jusqu'à la lie — 159
Epilogue — 161
Sommaire — 169

www.ingramcontent.com/pod-product-compliance
Lightning Source LLC
Chambersburg PA
CBHW071715090426
42738CB00009B/1785